Kurt Tepperwein

Auf der Suche nach dem Sinn

AF194033

Kurt Tepperwein

Auf der
Suche
nach
DEM
Sinn

*Bewusstseins-
wandel und
Lebensfragen*

Originaltitel „Erkenne den Sinn des Lebens"
© 2000 IAW Anstalt, Vaduz

Sonderauflage der Kompaktversion 2018
© by IAW Anstalt, Vaduz
www.iadw.com

ISBN: 978-3-7528-3441-3

Die Deutsche Nationalbibliothek verzeichnet diese Publikation
in der Deutschen Nationalbibliografie; detaillierte bibliografische Daten
sind im Internet über www.dnb.de abrufbar.

Umschlaggestaltung: www.layART.li
Umschlagmotiv: ©fotolia.com/nuvolanevicata

Herstellung und Verlag: BoD – Books on Demand, Norderstedt
Made in Germany

Internationale Akademie der Wissenschaften (IAW) Anstalt, FL-9490 Vaduz
Tel. +423/233 12 12, Fax +423/233 12 14

INHALTSVERZEICHNIS

Vom Umgang mit dem Lesen   7

Was ist Leben?   11

Kurz-Meditation   19

Das Spiel des Lebens   23

Was/wie ist Ihr Leben   31

Den Sinn des Lebens erkennen   35

Der Sinn meines Lebens   37

Was ist meine wahre Berufung   43

Meditation   47

Die sieben Schritte vom positiven Denken
zum positiven Leben   49

Die zwei Naturen des Menschen   51

Wege zu einem erfüllten Leben   55

So wird Erfolg unvermeidlich   59

Der »kosmische Ton«   63

Das Leben ist ein Spiel   65

Die Geburt der Weisheit   69

Gelebte Weisheit   71

Der Bauer und der liebe Gott   77

Die Chance des Alters   81

Die geistigen Gesetze   83

Die Spielregeln des Lebensspiels   87

Die »eine Kraft« ruht in sich   89

Die Praxis der Psychohygiene   93

VOM UMGANG MIT DEM LESEN

Die meisten Menschen sind informationshungrig. Sie lesen möglichst viele Bücher, um wieder etwas Neues zu erfahren, anstatt an sich etwas zu verändern. Wir haben drei Möglichkeiten, mit dem Lesen von Büchern umzugehen:

1. Ich kann mich über ein Thema, das mich interessiert, informieren und prüfen, ob es in mir Ja sagt zu der Ansicht der Autorin/des Autors.

2. Ich kann mich aber auch öffnen und geschehen lassen, ohne auf die Informationen zu achten. Ich kann zulassen, daß mich die Energie des Themas ergreift und verändert.

3. Ich kann mich auch beim Lesen einfach nur an mich erinnern lassen. An den, der ich wirklich bin und daran, daß ich das ja alles schon weiß, immer wußte. Ich hatte es eben nur vergessen.

Wenn ich etwas ändern will, muß ich bereit sein, etwas zu ändern – ich habe die Wahl. Ich habe in jedem Augenblick die Wahl, und wenn ich mich »verwählt« habe, habe ich wieder die Wahl, das Bessere zu wählen. Ich kann ein Seminar oder das ganze Leben als Gottesdienst ansehen, den ich mit der Gruppe oder mit meinem Partner, meiner Familie und den Mitmenschen gemeinsam erlebe. Aber alles das kann mich nur bis zur Schwelle führen, überschreiten muß sie jeder für sich.

Wenn wir im »Buch der Schöpfung« lesen, sehen wir, wie Wachstum in der Natur geschieht. Im Wesentlichen in drei Schritten:

1. Da ist der Keim, der sich auflösen muß, und so muß auch ich auflösen, was mich hindert zu werden.

2. Dann geschieht die Wandlung, das Erwachen, die Transformation, die Veränderung zum Wesentlichen.

3. Danach erst ist das Sein möglich. Zu sein, was geworden ist und in Wirklichkeit schon immer war. Und wie die gewordene Pflanze dem Ganzen dient, so sollten auch wir, wenn wir wir selbst geworden sind, dem Ganzen dienen. Nicht umsonst heißt es: »Der Höchste unter euch soll aller Diener sein.«

So wie der Keim sich der Erde hingibt, so sollten auch wir uns vertrauensvoll dem Leben hingeben. Erst dieser Schritt schafft die Harmonie auf oft wunderbare Weise.

Nach diesem Schritt bin ich bereits jenseits der Schwelle, dann kann ich den Weg nicht mehr verfehlen. Was aber mache ich vorher?

Ich tue mir so lange weh, bis ich endlich wirklich verstehe und nach meiner Erkenntnis lebe.

Ich wünsche Ihnen mit diesem Buch ein faszinierendes und „sinn-erfülltes" Leben.

Ihr

Unsere Kenntnisse hindern uns oft,
zu Erkenntnissen zu kommen.

WAS IST LEBEN?

Leben ist das allumfassende Bewußtsein, das alles Sein durchdringt und erfüllt, und daher lebt alles, was ist und alles hat Bewußtsein. Leben ist das Wirken der einen Kraft, die wir Gott nennen.

Was ist »ein Leben«?

Ein Leben ist die Lebensdauer eines Körpers, den ich bewohne und ein kleiner Ausschnitt aus meinem ewigen Sein. Ein Schultag in der Schule des Lebens. Am Ende eines solchen Lebens löse ich mein Bewußtsein aus dem Körper und kehre zurück nach Hause, um meine Erfahrungen zu verarbeiten, meine »Hausaufgaben« zu machen und mich vorzubereiten für neue Erfahrungen – ein »neues« Leben in einem neuen Körper.

Was ist der Sinn des Lebens?

Der allgemeine Sinn des Lebens ist es, die Vollkommenheit meines »Wahren Selbst« immer vollkommener zum Ausdruck zu bringen. Wirklich selbstbewußt zu leben und die Fülle des Lebens durch mich geschehen zu lassen und so wirklich den Augenblick zu erfüllen. Der allgemeine Sinn des Lebens ist Evolution, das heißt Entwicklung, damit Entfaltung möglich wird, die zur Erfüllung führt. Der einzige Sinn des Lebens ist es, Erfahrungen zu machen, aus denen Erkenntnisse werden – das Einzige, was ich aus einem Leben mitnehme. Denn ich bin nackt gekommen und werde nackt gehen. Alles, was ich hier habe, ist eine Leihgabe des Lebens an mich, die ich früher oder später, spätestens am Ende dieses Lebens zurückgeben muß.

Leben heißt also lernen, und keiner kann sich in der Schule des Lebens drücken. Meine Aufgabe ist es aber auch, das Gelernte in Leben umzuwandeln. Nicht totes Wissen anzusammeln, sondern mein Bewußtsein zu erweitern, also mich selbst, um so immer weiter zu werden, bis ich wieder allumfassend geworden bin. Das geht nur, wenn ich das Gelernte in Harmonie bringe mit dem Leben. Wenn mir das nicht gelingt, entsteht Schicksal. Unser Seinsauftrag lautet: »Ihr sollt vollkommen werden, wie der Vater im Himmel vollkommen ist!« Ich bin auf dem Weg, sobald ich anfange zu suchen. »Suchet, so werdet ihr finden!«

Das Hemd eines Glücklichen

Es war einmal ein mächtiger König, der wurde sehr krank, und keiner seiner Ärzte konnte ihm helfen. Da schickte er nach dem Weisesten seines Reiches und fragte ihn: »Was kann ich tun, um wieder gesund zu werden?« Der Weise sagte: »Was dir fehlt, ist das Hemd eines Glücklichen. Trage das Hemd eines Glücklichen und du wirst wieder ganz gesund«.

Der König schickte sofort seine Reiter in sein Land, um ihm das Hemd eines Glücklichen zu bringen. Die Reiter fragten jeden, ob er glücklich sei. Der eine sagte, er sei so arm, daß er nicht glücklich sein könne, der andere sagte: »Ich habe gerade mein Kind verloren, wie kann ich glücklich sein?« Ein anderer meinte, er habe alles, was man sich wünschen könne. Er sei zwar nicht glücklich, aber zufrieden. Und so kehrten die Reiter enttäuscht in den Palast zurück.

Ein Reiter aber fand in dem entferntesten Winkel des Reiches einen Mann auf dem Feld bei der Arbeit, und als er ihn fragte, ob er wirklich glücklich sei, antwortete er: »Ja, ich bin wirklich glücklich.« Da war auch der Reiter sehr glücklich, daß er seinen Auftrag erfolgreich ausführen konnte und sagte zu dem armen Mann: »Gib mir dein Hemd für den König.« Da sagte der Glückliche: »Aber ich habe gar kein Hemd.« Mit dieser Botschaft kehrte der Reiter zu seinem König zurück. Der aber erkannte, daß man Glück nicht haben kann und daß jeder alles hat, um glücklich zu sein, und er war wieder gesund.

Als er wieder ganz gesund war, fragte er den Weisen: »Was kann ich tun, um immer reich zu sein?« Der Weise antwortete: »Du kennst das Geheimnis bereits, trage das Hemd eines Reichen und du wirst immer reich sein.« Wieder schickte der König seine Reiter aus und diesmal kamen sie mit vollen Händen, denn die Reichen hatten viele Hemden. So trug der König von nun an immer das Hemd eines Reichen und war gesund und reich, bis an sein Ende.

Und wenn auch du immer gesund und reich sein willst, dann trage auch DU das HEMD EINES GLÜCKLICHEN UND REICHEN!

Ziehe dir das Hemd eines Glücklichen jeden Morgen neu an!

Der individuelle Sinn des Lebens ist es, die Aufgabe meines Lebens zu erkennen und zu erfüllen. Zu erkennen, ich selbst bin meine Hauptaufgabe. In der pränatalen Phase lebe ich noch einmal die ganze bisherige körperliche Entwicklung durch, und nach der Geburt erlebe ich noch einmal meine ganze geistige Entwicklung. Erst dann ist meine Geburt ganz abgeschlossen und ein Fortschritt wird möglich. Die meisten Menschen sterben allerdings, bevor sie ganz geboren sind, bevor die geistige Geburt abgeschlossen ist.

Zum individuellen Sinn des Lebens gehört auch, daß wir lernen um zu lehren. Der Fortgeschrittene lernt vom

Höheren und wird gleichzeitig seinem weniger erwachten Bruder zum Lehrer. So ist jeder stets Schüler und Lehrer in einem. Es ist Teil unseres Seinsauftrages, unserem Nächsten Chance zu sein. Es ist daher sehr sinnvoll, möglichst lange zu leben, damit die Zeitspanne für den eigentlichen Fortschritt möglichst lang ist. Dabei ist Achtsamkeit erforderlich, damit ich diese Zeitspanne möglichst optimal nutze.

Unser Auftrag ist es, so vom Haben über das Sein zum Schöpfungswillen zu finden. Vom Instinkt über das Ego zum Wahren Selbst und damit zu Gott. Wer aber nicht an sich selbst arbeitet, an dem wird gearbeitet, und wer dauernd Unüberhörbares überhört und Unübersehbares übersieht, der darf sich nicht wundern, wenn ihm eines Tages »Hören und Sehen« vergeht. So finden wir allmählich vom Gegeneinander und Durcheinander über das Nebeneinander zum Miteinander. Dabei lernen wir nicht nur, das Richtige zu tun, sondern auch, das Notwendige nicht zu unterlassen und das Falsche nicht zuzulassen.

Wir erkennen auch, daß es nicht der Sinn des Lebens ist, das Glück für unser jeweiliges »Ich« anzustreben, sondern für mein Wahres Selbst, und das heißt, die Vollkommenheit meines Wahren Selbst immer vollkommener zum Ausdruck zu bringen und so in Harmonie mit der Schöpfung zu sein. Nichts, was man haben kann, macht glücklich. Es gibt genug Menschen, die alles haben, aber nicht glücklich sind. Glücklich werden kann ich nur, indem ich bedingungslos »JA« sage zum Leben und nicht »Ja, aber...« oder gar »Nein«. Wann immer ich leide im Leben, habe ich Nein gesagt oder Ja, aber! Den Sinn meines Lebens kann ich aber nur erfüllen, wenn ich ihn erkenne.

Der Sinn des Menschseins

»Ihr sollt vollkommen sein, wie der Vater im Himmel vollkommen ist.« In diesen Worten ist unser ganzer Seinsauftrag enthalten. Das bedeutet jedoch nicht die Abkehr vom Außen, denn das Außen ist ja nur ein Spiegelbild des Innen und damit ein Teil davon. Das Außen ist nicht Schein oder Täuschung oder Versuchung, sondern unser Freund und Helfer auf dem Weg nach Innen zu unserem Wahren Sein, der inneren Wirklichkeit Die »Sprache der Lebensumstände« zeigt uns deutlich, wie weit wir auf dem Weg nach Innen gekommen sind und, auch rechtzeitig und unübersehbar, wenn wir vom Weg abkommen. Auf dem rechten Weg nach Innen können wir also auf das Außen nicht verzichten.

Wir sollen nicht die Hälfte unseres Seins, die äußere verleugnen oder gar verachten, denn ohne sie wäre Vollkommenheit ja gar nicht möglich. Wir können unseren Seinsauftrag nur ausführen, wenn wir das Außen harmonisch in unser Sein integrieren. Mit einem Bein, dem Innen oder dem Außen, brauchen wir uns gar nicht erst auf den Weg zu machen, denn wir können diesen Weg nur sicher gehen, wenn wir unsere beiden Beine, Innen und Außen benutzen. Beide Extreme sind Erscheinungsformen des Falschen. Sobald wir dies aber erkennen, können wir unseren Weg um so sicherer finden.

So wie wir einen Weg nur gehen können, wenn wir abwechselnd beide Beine benutzen, so müssen wir auch auf dem geistigen Weg das Gewicht mal auf das Innen, mal auf das Außen legen, alles zu seiner Zeit. Ob ein Organ unter Über- oder Unterfunktion leidet, ist gleich, denn beides ist ein Zeichen von Disharmonie und führt letztlich zu Krankheit.

Den Weg nach Innen geht man am besten durch den Dienst am Außen.

Der Mensch ist ein Kraftfeld zwischen den beiden Polen – Geist und Materie. Aber das Kraftfeld besteht nur durch beide Pole. Fällt ein Pol aus, bricht das Kraftfeld zusammen. Viele »gute Menschen« klagen auf dem Weg nach Innen über Mangel an Kraft, stets ein Zeichen, daß die Harmonie gestört ist, daß eine Seite überbetont wird.

Vollkommenheit heißt also nicht: »entweder - oder«, sondern vielmehr »sowohl - als auch«, alles zu seiner Zeit. Um das bestmögliche Material für eine Sache herauszufinden, macht die Wissenschaft immer wieder Zerreißproben. Menschsein heißt ja Mensch werden und das stellt die höchsten Anforderungen an uns. So müssen wir uns immer wieder solchen »Zerreißproben« stellen. Nach dem Motto: »Was mich nicht umwirft, macht mich stärker«. Aber selbst wenn es mich umwirft, so ist es mein Auftrag, sofort wieder aufzustehen, um mit größerer Achtsamkeit in die nächste Prüfung zu gehen. Versuchen wir aber einer solchen Probe auszuweichen, zwingen wir das Leben nur, uns mit einem »Schicksalsschlag« zu zwingen, uns der »notwendigen« Aufgabe zu stellen. Ein Kran an sich ist sinnlos. Erst wenn er eine Last trägt, erfüllt er seinen Zweck.

Wir sollten daher unsere Aufgabe erkennen, annehmen und erfüllen. Aber nicht, um »unser Karma zu verbessern oder einen besseren Platz im Himmel zu bekommen«, denn das wäre nur verfeinerter Egoismus, sondern uns erfüllen, indem wir unsere Aufgabe voller Liebe erfüllen – zum Wohle des Ganzen. Handeln wir nur um des Lohnes willen, sind wir geistige Tagelöhner. Handeln wir aber aus Liebe, werden wir selbst zum Weg. Denn das ist die ganze Aufgabe: »Den Weg sehen, den Weg gehen – selbst zum Weg werden.« Der Vollkommene ist wie die Sonne, die für »Gut und Böse« scheint. Wo immer er ist, wird die Welt lichter und liebevoller durch sein Sosein. Er leuchtet, wärmt und erleuchtet alles, was in seine Nähe kommt. Er ist zum »Ebenbild Gottes« geworden und allem zum Segen.

KURZ - MEDITATION

Naturszenen-Test – Lebenssituation

Ich mache es mir ganz bequem.

Ich schließe meine Augen und atme ganz tief und ruhig.

Ich fühle mich wohl - und bin ganz gelöst, ich konzentriere jetzt die Vielzahl meiner Gedanken auf einen Punkt.

Ich konzentriere mich auf den Punkt zwischen meinen Augen.

Ich richte so meine ganze Konzentration auf mein drittes Auge.

Ich sehe, wie es dort immer heller und heller wird, und ich spüre, wie sich dabei meine innere Sicht erhellt und klärt.

Meine innere Sichtweise wird so immer klarer und reiner, vor meinem geistigen Auge entwickelt sich jetzt eine Naturszene.

Ich lasse sie sich einfach entwickeln – ohne selbst zu wollen, erkenne ich sie immer klarer.

Ich sehe jetzt vor mir eine Naturszene, ganz klar und deutlich erkenne ich Einzelheiten.

Gibt es ein Gewässer – einen Fluß, Bach oder See? Ist eine Brücke zu erkennen ?

Ist es Flachland oder Gebirge? Gibt es Bäume – und wenn ja – welche ?

Wie sehen die Pflanzen aus, wenn welche da sind?

Wie ist das Wetter ?

Gibt es Wege ?

Gibt es irgendwelche Gebäude, Schlösser oder Burgen?

Welchen Stand hat die Sonne und welche Farbe ?

Geht sie auf oder unter?

Ich nehme alles ganz bewußt wahr.

Ich lasse jetzt dieses Bild in Ruhe auf mich wirken, ich nehme die Ausstrahlung des Bildes wahr.

Welche Atmosphäre ist dort - welche Energien wirken?

Wirkt das Bild / die Landschaft eher harmonisch oder disharmonisch?

Ist es eher ruhig oder unruhig dort, fühle ich mich dort wohl oder eher unbehaglich?

Möchte ich gerne etwas verändern, und wenn »ja« was?

Was brauche ich zu einer Veränderung?

Warum ist es nicht schon so, wie ich es mir wünsche ?

Ich mache mir alle Einzelheiten bewußt, wann immer ich will.

Kann ich in diese Landschaft zurückkehren?

Ich kann sie verändern – oder erweitern.

Ich kann aber auch jederzeit in eine andere Landschaft gehen, zum Beispiel in die Landschaft meines Berufes – oder ich sehe mir die Gegend meiner Partnerschaft an. Das kann auch die Partnerschaft zu einem Freund oder Familienmitglied sein.

Ich habe IN MIR für jeden Bereich eine bestimmte »Naturszene«, die mir helfen will zu erkennen, um die notwendigen Schritte tun zu können.

Wann immer ich jetzt will, öffne ich die Augen und kehre wieder zurück ins »Hier und Jetzt«.

Ich bin jetzt wieder ganz bewußt im »Hier und Jetzt«.

Erfülle den Augenblick
und lebe im HIER und JETZT.

DAS SPIEL DES LEBENS

Das Leben ist ein Spiel, das mir zur Freude erdacht und gespielt wird, von dem einen allumfassenden Bewußtsein. Ich bin seit dem Anfang aller Zeit. Meine Geburt ist nur der Beginn eines neuen Spielabschnittes im ewigen Spiel des Lebens. Das Leben lädt mich ein, mit der ganzen Schöpfung zu spielen, in der ich lebe, die mich mitbestimmt und die ich mitbestimme.

Bei diesem Spiel kann ich mich als einen untrennbaren Teil des Ganzen erkennen. Ich kann mich aber auch als »ich« erleben, getrennt vom Ganzen. Dann erlebe ich mich als »Ego«, kann mich im Ganzen spiegeln, mein Wahres Sein entdecken und als Teil des Ganzen wiedererkennen. Was sich aber in mir spiegelt, sich entdeckt und wiedererkennt, ist mein Bewußtsein, mein Wahres Selbst. Ich kann es auf jeden beliebigen Punkt konzentrieren oder es erweitern, allumfassend werden lassen. Ich kann es absinken lassen oder in höchste Höhen erheben – ich bin der Schöpfer.

Alles was ist, die ganze Schöpfung, ist eine Offenbarung des Einen, der zum »Spiel des Lebens« in die Materie gegangen ist. Evolution ist das Wiedererkennen des Einen in der Vielfalt. Das »Spiel des Lebens« bedeutet: »Werden in jedem Augenblick des Seins.« Tief im Innersten weiß ich, ich bin das Eine, das Ganze, das alles enthält, aus dem alles kommt und in das alles eingeht am Ende der Zeit. Ich bin der Anfang und das Ziel und spiele dieses Spiel, um das Abenteuer des Lebens zu erleben. Alles Leben ist das Spiel des Einen mit sich selbst.

Ich bin freiwillig durch das »Tor der Geburt« in die Zeit dieser Welt eingetreten, um am Spiel des Lebens teilzunehmen. Dieses Spiel findet mir zur Freude statt, um mir die Möglichkeit zu geben, die Vollkommenheit meines Wahren Seins zu erleben – zu werden, der ich bin und immer war. Das Spiel gibt mir nur Gelegenheit, mich zu erinnern. Ich kann keine Kraft dieser Welt in mein Bewußtsein aufnehmen, ohne gleichzeitig mein Bewußtsein um diese Kraft zu erweitern und so immer vollkommener zu werden, bis ich wieder ganz ich selbst geworden bin. Am Anfang des Spiels erlebe ich mich als Ego, dem alles gegenübersteht, was nicht »ich« ist. Dieses Ego äußert sich als Eigenform, Eigenwille und Eigenbedürfnis. Sobald die scheinbare Trennung vom Ganzen von mir aufgehoben wird, erwache ich wieder zum Bewußtsein meiner selbst.

Das »Spiel des Lebens« wird nach festen Regeln gespielt, die wir »Geistige Gesetze« nennen. Es ist ein Spiel, dessen Regeln wir erst beim Spielen erkennen. Mit jedem Spielzug, mit jedem Schritt im Leben habe ich die Chance, eine Regel zu erfahren, aber nur, wenn ich mich an die schon erkannten Regeln halte. Solange ich lebe, muß ich mitspielen, aber ich entscheide, ob ich als Spieler oder als Spielfigur teilnehme. Habe ich im Spiel eine Tür geöffnet, das heißt, ein Problem, also eine Aufgabe des Lebens gelöst, komme ich zum nächsten Punkt, wo ich wieder einen Schritt tun kann.

Das Leben spielt oft: »Mensch ärgere Dich nicht«

Ich finde z.B. meinen Auto-/ Hausschlüssel nicht und stehe im Regen. Oder ich bin am Flughafen und habe mein Ticket oder meinen Paß vergessen. Bei all dem prüft das Leben sich selbst in mir, ob ich im richtigen Bewußtsein bin, führt mich in Versuchung, damit ich mich noch besser ausrichte und wirklich bewußt bin. Gleich, ob die Situation mir angenehm ist oder unangenehm, sie ist immer richtig und wichtig, um mir zu helfen, einen Schritt zu mir selbst zu tun. So ärgere ich mich in solchen Situationen so lange, bis ich erkenne, ärgern hilft nicht, die Aufgabe zu lösen, ist sinnlos, stört mein Sein. Ein HOMO SAPIENS, der sich ärgert, ist ein Widerspruch in sich. Und ich erkenne: »Nichts und niemand kann mich ärgern, das kann nur ich selbst und nur ich selbst kann es lassen«.

Oder das Leben spielt: »Karriere«

Ich bewerbe mich um eine bessere Stellung, bereite mich gründlich vor und bekomme die erwünschte Stellung. Ich bilde mich in Abendkursen weiter, werde Sachbearbeiter,

Abteilungsleiter und letztlich Direktor, alles weil ich »WER SEIN« will. Irgendwann stelle ich fest, daß die Karriereleiter nirgendwohin führt – ich bin nicht am Ziel, sondern nur am Ende, und ich erkenne, was ich wirklich suchte, war Selbstachtung und Selbstbewußtsein.

Oder das Leben spielt »Monopoly«

Ich rackere mich ab, opfere in der ersten Hälfte meines Lebens meine Gesundheit, um zu Geld zu kommen. Ich erwerbe eine Eigentumswohnung, ein eigenes Haus, einen eigenen Betrieb, Aktien usw. und gebe in der zweiten Hälfte meines Lebens das Geld wieder aus, um meine Gesundheit zurückzubekommen – meist vergeblich. Ich bemerke außerdem, daß ich dem Besitz diene, anstatt er mir und ich erkenne: Alles, was ich habe, ist nur eine Leihgabe des Lebens – ich kann nichts davon mitnehmen.

Denn alles, was existiert, sind nur »Spielsachen«, um das Spiel des Lebens spielen zu können, sei es Besitz, Geld, Macht, Anerkennung, Erfolg, aber auch meine Fähigkeiten, Talente, Glück oder mein Partner, meine Familie, die Kinder, sogar mein Körper. Alles werde ich hier zurücklassen, für die anderen Spieler. Alles gehört zum Spiel, will mir nur helfen, mich selbst erkennen zu können.

Solange ich im Spiel des Lebens mitspiele, also selbst einen Zug mache, wenn ich an der Reihe bin, macht auch das Leben stets den nächsten Zug. Wenn ich aber nicht mehr »ziehe«, dann zieht auch das Leben nicht mehr und es fließt nichts mehr. Sobald ich an etwas festhalte, an einem Menschen oder einer Situation, kommt das Spiel ins Stocken, mache ich eine Lektion des Lebens notwendig und bekomme »Nachhilfeunterricht« vom Leben. Auch wenn ich ein verlorenes Spiel weiter spiele, weil es für mich bequemer ist, oder doch erscheint, verliere ich mich selbst dabei, denn in Wahrheit spiele ich ja, um Weisheit zu gewinnen und um Pluspunkte zu sammeln auf dem Gebiet der Liebe.

Denn der Schlüssel zu diesem Spiel ist die Liebe, und mit der Weisheit erkenne ich, wie ich den Schlüssel sinnvoll gebrauchen kann. Liebe und Weisheit öffnen mir alle Türen in diesem »Spiel des Lebens«.

Erkennt man das Leben als Spiel, kann man sich auch nicht mehr über Schwierigkeiten beschweren, denn das ist ja gerade der Sinn des Spiels. Wenn mein Spielpartner beim Schach einen guten Zug oder beim Tennis einen guten Schlag macht, dann beschwere ich mich ja auch nicht, sondern das motiviert mich nur, im Spiel wirklich mein Bestes zu geben. Hätte ich einen laschen Partner, wäre das Spiel bald langweilig. Weil wir immer nur gewinnen und nie gefordert werden, würden bald unsere Fähigkeiten nachlassen und letztlich versiegen. Erst der gute Zug meines Spielpartners ist eine Herausforderung an meine Leistung, ebenso wie das »Proben« im Leben. Jedes gelöste Problem bringt mir eine Erkenntnis und mich damit im Spiel einen Schritt weiter.

Wahre Selbsterkenntnis ist nur möglich durch Opfer. Indem ich opfere, was nicht zu meinem Wahren Selbst gehört, werde ich erst ich selbst. Erst, wenn das Samenkorn nicht mehr daran festhält zu bleiben, was es ist, kann es werden, was es sein soll, eine Pflanze. Erst wenn die Raupe stirbt, wird der Schmetterling geboren. Das Spiel des Lebens beruht auf ständiger Transformation, die nur durch Loslassen und Hingabe möglich wird.

Solange ich spiele, spüre ich in mir die Sehnsucht, bleibe ich auf der Suche, die immer eine Suche ist nach mir selbst. Denn das »Spiel des Lebens« hat nur den einen Sinn, mir zu helfen, das Geheimnis meines Wahren Seins zu entdecken. Ich brauche mich nur von meiner inneren Sehnsucht führen zu lassen, und meine Seele führt mich zum Bewußtsein meiner eigenen Vollkommenheit, zurück zum ewigen Einssein.

Es gibt unendlich viele Wege, die wieder in diese Einheit zurückführen, denn letztlich führt jeder Weg in diese Einheit, auch wenn es ein großer Umweg war. Ich aber bestimme, welchen Weg ich wähle, den schnellsten, den sichersten oder den bequemsten, und ich bestimme, wann ich ihn gehe und mit welchen Schritten. So schaffe ich mir selbst mein eigenes, einmaliges Schicksal, einen »Maßanzug«, der von mir, für mich geschaffen wurde. Ich habe ihn geschaffen, ich muß ihn tragen und nur ich kann ihn ändern, das aber in jedem Augenblick meines Lebens – ich bin der Schöpfer. Und jeder von uns ist als Mitschöpfer aufgerufen, das Leben, sein Schicksal und die Schöpfung mitzugestalten.

Hierbei ist auch der Tod nur ein Übergang auf eine andere Ebene des Spiels. Eine Runde ist gespielt, ich werte die Erfahrungen aus, die ich in dieser Runde gemacht habe und bereite mich vor auf eine neue Spielrunde. So erkenne ich den Tod als Krönung des Lebens und kann gelassen alles ertragen, was geringer ist als der Tod. Ich erkenne, daß Gewinn oder Verlust »gleichgültig« ist und sage bedingungslos »JA« zum Leben. Ich erkenne die immer gleichen Schritte im Spiel des Lebens:

1. Meine Lebensaufgabe erkennen.

2. Den Augenblick erfüllen.

3. Erkenntnisse, also wahren Reichtum sammeln.

4. Selbst-Verwirklichung.

5. Hilfe für Mitmensch und Schöpfung sein.

6. Den Tod als Krönung des Lebens erkennen.

So werde ich ein immer ein besserer Spieler beim »Spiel des Lebens« und kann mehr und mehr auch den anderen helfen, schneller zum Ziel zu kommen, denn das Spiel ist erst beendet, wenn alle Mitspieler am Ziel angekommen sind. Doch ganz gleich, welches Spiel das Leben gerade spielt, es will mir immer nur ein Geschenk machen, eine Erkenntnis vermitteln, das Einzige, was ich wirklich mitnehmen kann. Die schönste Erkenntnis aber ist: »Beim Spiel des Lebens kann ich nur gewinnen«.

Fühlst du zu Großem dich berufen,
dann fange mit Kleinem an.

Kein Mensch erreicht die oberste Stufe der Leiter,
wenn er nicht irgendeinmal zuunterst beginnt.

Erkennst du, was es heißt zu leben?
Und weißt du, was wahre Größe ist?

WAS/WIE IST IHR LEBEN

Leben ist fließende, wirksame Energie. Wird ein Aspekt dieser Energie nicht zugelassen, entsteht ein Stau. Auf der einen Seite Druck, auf der anderen Seite ein Mangel.

Lasse ich z.B. den Aspekt »Durchsetzungsvermögen« nicht zu, so wird sich der Mangel vielleicht darin ausdrücken, daß ich bei der Beförderung übergangen werde, daß ich eine Stellung nicht bekomme oder ein anderes Ziel nicht erreiche.

Auf der körperlichen Ebene erscheint der Mangel etwa als Muskelschwäche oder Zahnfleischschwund oder Haarausfall.

Auf der anderen Seite erscheint der Druck als »Notwendigkeit« in den Lebensumständen, mich einer unerfreulichen Aussprache zu stellen, einem Gerichtsverfahren oder Ähnlichem und damit gleichzeitig als Chance, den Aspekt »Durchsetzungsvermögen« zu entwickeln, die Aufgabe zu lösen und wieder frei zu sein.

Geschieht das nicht, beginnt der Kreislauf von vorn, indem ich durch Vermeiden der unerfreulichen Aussprache Nachteile erlebe, oder ich verliere das Gerichtsverfahren, weil ich mich nicht genügend eingesetzt habe. So erlebe ich versteckt den Mangel und gerate unter immer größeren Druck. Bis irgendwann der Druck unerträglich, der Mangel nicht mehr auszuhalten ist und ich endlich handle.

Die Schöpfung will mich damit nicht ärgern, sondern zwingt mich schmerzhaft zur Entwicklung, wenn ich sie irgendwo blockiere.

Was / Wie ist Ihr Leben?

Ist Ihr Leben: Arbeit, Kampf, Pflicht, Verdienen oder Dienen, Chaos, Karma abtragen oder Gnade, Freude oder Strafe, Prüfung oder Chance, ein Selbstfindungsweg oder Verpflichtung, Erkenntnis, Meditation, Gebet oder einfach Glück?

Wie hätten Sie es denn gern?

Wie wäre es ideal?

Durch Schwere verschwindet Lebendigkeit und Leichtigkeit. Was aber macht Ihr Leben schwer?

Wenn das Leben ein Spiel ist: Welches Spiel spiele ich? Welches Spiel spielt das Leben mit mir? Welches Spiel spielt mein Partner mit mir? Welche Rolle spielt mein

Partner? Für mich? Welche Rolle spiele ich in meinem Leben? Wer oder was spielt in meinem Leben die Hauptrolle?

Kurzmeditation:

Ich schließe die Augen und sehe jetzt vor mir das Spiel, nach dem mein Leben abläuft!

Wer oder was mein Leben bestimmt!

Welches Spiel ist es: Ein Partner - oder Mannschaftsspiel?

Bin ich Spieler oder Spielfigur?

Auf welchem Platz spiele ich?

Auf welchem Platz möchte ich gern spielen?

Was ist der nächste / beste Zug / Schritt?

Ab heute spiele ich ganz bewußt und voller Freude das »Spiel des Lebens«!

> *Nicht es gut zu haben,*
> *sondern gut zu sein*
> *sei das Ziel deines Lebens.*

Den Sinn des Lebens erkennen

Ich bin mit einer bestimmten Absicht gekommen. Erfüllung kann ich nur finden, wenn ich meine Lebensaufgabe: ERKENNE - ANNEHME - ERFÜLLE.

Ich erkenne den Sinn meines Lebens, indem ich frage:

1. Auf welchen Platz hat mich das Leben gestellt? Warum?

2. In welche Zeit bin ich hineingeboren? Warum?

3. In welchem Land bin ich geboren? Warum?

4. In welcher Familie bin ich geboren? Warum?

5. Mit welchen Freunden hat mich das Leben zusammengeführt?

6. In welchen Lebensumständen lebe ich? Warum? Unter welchen Lebensumständen sollte ich leben? Was ist zu tun, um sie zu schaffen?

7. In welche Krisen/Schwierigkeiten hat mich das Leben geführt?

8. Wo bekomme ich »Nachhilfeunterricht« vom Schicksal: Lektionen - Krankheit - Leid - Schicksalsschläge.

9. Worin besteht das eigentliche Problem? Was will das Leben damit bewirken? Was ist der Sinn?

10. Welche Erkenntnisse habe ich daraus gewonnen?

11. Welche Konsequenzen habe ich daraus gezogen? Welche Konsequenzen sollte ich daraus ziehen?

12. Wie kann ich den Augenblick sinnvoll erfüllen?
Zur Bewältigung meiner Vergangenheit.
Zur optimalen Gestaltung der Gegenwart.
Um in der Zukunft den »erwünschten Endzustand« zu erreichen.

13. Was wäre mein Wunschtraum?
Welche Rolle würde ich gern im Leben spielen?
In welcher Situation würde ich mich am Wohlsten fühlen?

14. Wie sieht meine »Wunschbiographie« aus?

15. Was ist zu tun, um aus meinem Leben ein Meisterwerk zu machen?
Was würde ein Meister / Buddha / Jesus jetzt in meiner Situation tun?

16. Was hindert mich eigentlich noch, genau das zu tun? Wann bin ich bereit, das »Notwendige« zu tun?

Entwickeln kann man sich immer nur auf ein Ziel hin. Beim Problem ist es die Lösung. Beim Wunsch ist es die Erfüllung. Beim Leben ist es der SINN!

DER SINN MEINES LEBENS

Zu sich SELBST zu erwachen.

Erkennen, wer bin ich, wo stehe ich, wo will ich hin. Was will das Leben von mir, wie kann ich das verwirklichen. Nicht jemand anders sein wollen als der, der ich bin. Mich selbst ganz zuzulassen. Erkenne dich selbst, sei du selbst !

Mein Geistiges Erbe anzutreten und die Fülle in Besitz nehmen. Zu erkennen, ich bin der Gott eines riesigen Universums, dem Universum meines Körpers. In diesem riesigen Reich ist jeder meiner Gedanken Gesetz, bestimmt Gesundheit oder Krankheit, mein ganzes Schicksal. Meine Aufgabe ist es, ein weiser Gott in meinem Reich zu sein.

Erkennen, ich bin ein Schöpfer

Ich kann alles erreichen, was ich DENKEN und GLAUBEN kann. Wenn mir mein Leben nicht gefällt, kann ich es einfach ändern, indem ich mein Bewußtsein ändere.

Das Leben ist ein Spiel, und solange ich lebe, muß ich mitspielen. Ich entscheide selbst, ob ich als Spielfigur oder als Spieler teilnehme. Es ist der Sinn des Lebens, auf Entdeckungsreise zu gehen, das Abenteuer Leben bewußt zu erleben und wirklich zu genießen, denn das »Spiel des Lebens« findet mir zur Freude statt.

Zu erkennen, daß ich einmalig bin und einen wertvollen Beitrag zum Leben zu leisten habe, auf meine ganz besondere und einmalige Art - meine wahre Bestimmung.

Meine wahre Bestimmung erkennen und erfüllen

Die »Botschaften des Lebens« erkennen und befolgen. Alles, was an mich herangetragen wird, sind nur »Angebote des Lebens«.

Zu erkennen, daß alle Probleme nur Aufgaben des Lebens sind, die ein Geschenk enthalten – eine Erkenntnis. Das Problem ist nur die Verpackung.

Zu erkennen, Gewinn oder Verlust sind »gleich-gültig«. Zu erkennen, daß der Platz, auf dem ich stehe, der einzig Richtige ist und den Augenblick zu erfüllen.

Leben heißt lernen

Zu lernen, die unwiderstehliche Macht des Denkens verantwortungsbewußt zu nutzen. Zu lernen, das Richtige zu tun, das Notwendige nicht zu unterlassen und das Falsche nicht zuzulassen. Freiwillig durch Erkenntnis, oder wie üblich durch Leid.

Lernen heißt entdecken, daß man im Innersten schon alles weiß, und man sollte das leben, was man entdeckt hat.

Der Sinn des Lebens ist es, Erfahrungen zu machen, aus denen Erkenntnisse werden – das Einzige, das ich aus meinem Leben mitnehme.

Meine Aufgabe ist es, das Gelernte in Leben umzuwandeln. Nicht totes Wissen anzusammeln, sondern mein Bewußtsein zu erweitern, um so immer weiter zu werden, bis auch ich allumfassend geworden bin.

Die vier Naturen des Menschen, die spirituelle, mentale, emotionale und physische zu einer harmonischen Einheit zu verschmelzen und aus dieser Einheit heraus zu handeln, im Einklang mit der Schöpfung.

Zum Sinn des Lebens gehört auch, zu lernen um zu lehren und damit meinem Nächsten Chance zu sein. Das Schicksal ist nur ein Spiegelbild meines »So-Seins«. Jeder bekommt vom Schicksal das, was er verursacht.

Ganz gleich aber, was das Schicksal mir schickt, alles sind nur Chancen zu lernen, alles will mir nur helfen und dienen. Ich kann mich jederzeit vom »Rad des Schicksals« befreien, indem ich meinen Eigenwillen loslasse »Dein Wille geschehe«.

Sinn meines Lebens ist es, die Vollkommenheit meines Wahren SELBST immer vollkommener zum Ausdruck zu bringen.

Unsere einzige Bestimmung ist es, vollkommen zu werden, wie der Vater im Himmel vollkommen ist.

Leben heißt, voller Energie und Freude gesund in der Fülle zu leben, in einer erfüllenden Partnerschaft, in der man sich jeden Tag miteinander und aneinander freut. Und es heißt arbeiten aus Freude, in einem Beruf, der wirklich Berufung ist.

Es ist meine Aufgabe, Wohlstand, Gesundheit, Glück und Harmonie für alle zu verwirklichen und mich für das Ganze verantwortlich zu fühlen.

Aus meinem Leben ein Meisterwerk machen

Der Sinn des Lebens ist es, meine Berufung zu leben, d.h. »es« ruft mich etwas, ich SELBST rufe mich zu mir SELBST (= Paradies). Mein Seinsauftrag ist es zu SEIN. Ich SELBST zu sein.

Ich lebe, also habe ich auch die Pflicht zu leben. Leben kann ich aber nur im Hier und Jetzt, und Leben kann wirklich nur geschehen, wenn ich wirklich bin, wahrhaftig bin, d.h. ich SELBST bin.

Jeden Augenblick ausleben, d.h. mit Leben erfüllen, mit der Lebendigkeit meiner SELBST. Der Sinn ist es also, ein erfülltes Leben zu leben, indem ich es mit mir SELBST erfülle, in der Fülle meiner SELBST lebe.

Der Sinn des Lebens ist es, Verantwortung zu übernehmen. Ich bin vor mir SELBST verantwortlich – ich SELBST zu sein. Der Sinn des Lebens ist »hell« zu sein, das heißt »ganz« zu sein, vollkommen so zu sein, wie ich JETZT bin.

Und in jedem Augenblick einen Schritt weiterzugehen - in mein »Hell-Sein«, in meine Ganzheit, in das »Zentrum« meines Seins.

Mein geistiges Erbe anzutreten heißt, meinen Ursprung erkennen und erwecken/leben, mein Wahres SELBST, das Wahre meiner SELBST, mich SELBST.

Mein Wahres SELBST ist der Gottesfunke, »ICH (SELBST) BIN«. Gott sagte, ICH BIN, der »ICH BIN«, ich bin, also bin ich »GOTT«, denn Gott ist nichts anderes als das Leben SELBST, das mein Wahres SELBST ist.

Damit habe ich aber die Verpflichtung und Verantwortung, der zu sein, der ich bin, ein »weiser« Gott meines Lebens zu sein, ich SELBST zu sein.

»Gott« zu sein, ich SELBST zu sein, heißt schöpferisch zu sein, d.h. kreativ zu sein, in jedem Augenblick neu zu sein.

> *Viele wollen vollkommen sein,*
> *aber nur wenige sind bereit,*
> *sich zu bessern!*

WAS IST MEINE WAHRE BERUFUNG

Ich bin mit einer bestimmten ABSICHT gekommen.

Erfüllung kann ich nur finden, wenn ich meine Berufung erkenne, annehme und erfülle!

Der Beruf sollte etwas sein, WOFÜR man lebt, nicht wovon man lebt!

Keiner kann in seinem Beruf erfolgreich sein, wenn er seine Arbeit nicht liebt, wenn Beruf und Berufung nicht identisch sind und der Selbstverwirklichung dient und der Allgemeinheit nützt.

Der erste Schritt auf dem »Geistigen Weg« heißt: Erst einmal in Besitz nehmen und sinnvoll einsetzen, was ich schon erreicht habe, indem ich mich frage:

1. Was kann ich besonders gut?
   Welche Fähigkeiten, Talente und Kräfte habe ich?
   Denn wo meine Gaben liegen, da liegen meine Aufgaben!

2. Was macht mir besondere Freude?
   Was sind meine Hobbys? Meine Wünsche?
   Was möchte ich den ganzen Tag tun?

Was »begeistert« mich so richtig?
Was würde ich tun, wenn ich ab sofort 10.000.- €
Rente jeden Monat bekäme?

3. Welche Ausbildung habe ich?
   Welche Ausbildung sollte ich noch haben?
   In welche Krisen, Schwierigkeiten, Lektionen hat
   mich das Leben geführt?
   Von welchen begrenzenden Vorstellungen sollte ich
   mich lösen?

4. Welche Chancen bietet mir das Leben, das zu tun?
   Bisher - in diesem Augenblick - in Zukunft?

5. Auf welchen Platz hat mich das Leben gestellt?
   Wie kann ich diesen Platz noch besser ausfüllen?
   Was sollte ich lernen / verlernen?

6. Wenn ich mein Leben noch einmal beginnen könnte,
   was würde ich dann anders machen?

7. Was wäre mein Wunschtraum?
   Wie sieht mein »Erwünschter Endzustand« aus?
   Wie sieht meine »Wunschbiographie« aus?
   Wie mein Leben als Meisterwerk - als Kunstwerk?

8. Welche Konsequenzen ergeben sich daraus?
   Was würde ich unter diesen Umständen meinem besten Freund raten?

9. Was hindert mich noch, genau das zu tun? WANN bin ich bereit, das »Notwendige« zu tun?

   Machen Sie sich zum »KÖNIG IHRES LEBENS«. Spielen Sie in Ihrem Leben die Hauptrolle!

Ich sehne mich danach,
eine große und edle Aufgabe zu erfüllen,
aber meine erste Pflicht ist es,
kleine Aufgaben so zu erfüllen,
als ob sie groß und edel wären.

MEDITATION

ICH BEGINNE EIN NEUES LEBEN

Du hast jetzt die Wahl, ein ganz neues Leben zu beginnen – dein Leben. Die Chance, dich für »Dich Selbst« zu entscheiden: Ich wähle zuerst mein Schicksal. Was mir an meinem bisherigen Schicksal gefällt, nehme ich mit, was nicht, ändere ich jetzt.

Dann wähle ich mir einen neuen Körper und mache mir bewußt, wie der aussieht, wie er ist, was er kann. Dazu wähle ich auch eine neue Gesundheit. Mache mir bewußt, wie sind meine Zähne, meine Verdauung, meine Kraft und meine Bewegungen, das Wohlgefühl, das meinen Körper durchströmt?

Nun wähle ich meinen Partner. Als Voraussetzung mache ich mir bewußt, wie ich als Partner ab heute bin. Wie verhalte ich mich als Partner? Und wen wähle ich? Mit welchen Eigenschaften? Verhaltensweisen?

Ich wähle auch eine neue Persönlichkeit für mich aus. Mache mir bewußt, welche Eigenschaften diese neue Persönlichkeit hat. Wie sie sich verhält.

Nun entscheide ich mich für meinen Beruf. Werde ich studieren? Was will ich werden? Auf welchem Weg? Ich gehe einmal in die Erfüllung und prüfe sorgfältig, ob das wirklich das ist, was mich erfüllt. Ob es meiner Aufgabe und meinem Weg entspricht.

Dann wähle ich ganz bewußt meine Lebensaufgabe, den Sinn und Inhalt meines Lebens. Ich entscheide mich bewußt für den Weg und die Schritte, wie ich diese Aufgabe erfüllen werde.

Nun entscheide ich, in welchem Bewußtsein ich meinen Weg gehen will. Wie hoch, wie weit, wie klar ist dieses Bewußtsein? Wie umfassend und wie liebevoll? Wie bewußt ist mir die Einheit mit allem? Erkenne ich das Höchste in allem und verhalte mich entsprechend?

Danach entscheide ich mich für meinen Wohnort. Welche Stadt oder welchen Ort wähle ich? Und wo dort werde ich wohnen? Wähle ich ein Haus oder eine Wohnung, und wie sieht das aus? Wie ist es eingerichtet?

Dann wähle ich bewußt meine Hobbys. Wie erfülle ich meine Freizeit? Und mit wem? Ich gehe in jedes Hobby hinein und prüfe sorgfältig, ob es wirklich zu mir gehört. Ob ich das bin.

Dann prüfe ich sorgfältig, ob alle Teile meines Seins stimmen. Ob ich das so bin oder ob ich einen Aspekt besser ändern sollte. Dann gehe ich als neuer Mensch in ein »Neues Leben« und lebe bewußt als ich selbst im HIER und JETZT!

Die sieben Schritte vom positiven Denken zum positiven Leben!

1. Positives Denken

Erkennen, alles ist gut, denn alles will mir nur dienen und helfen. Achtsam und beharrlich durchs Leben gehen. Voller Vertrauen und Humor, gelassen tun, was zu tun ist. Dankbar die Wirklichkeit hinter dem Schein erkennen und geborgen in der Fülle des Seins leben.

2. Positives Fühlen

Offen und ausgeglichen die Menschen so annehmen, wie sie nun einmal sind. Vertrauensvoll und zuversichtlich zu seinen Gefühlen stehen und sich wert fühlen, in der Fülle zu leben. Das Leben nur beobachten, nicht bewerten und liebevoll das Richtige geschehen lassen.

3. Positives Wollen

Lernen wollen und verstehen wollen. Entschuldigen und verzeihen und selbst das Richtige tun wollen. Wollen, was man soll! Hören, was das Leben will und den eigenen Willen loslassen und Seinen Willen erfüllen wollen!

4. Positives Reden

Sich klar ausdrücken lernen und die Wortinflation stoppen. Keinen ungebetenen Rat geben und auch Schweigen lernen. Ehrlich sein in Wort und Tat und Wortgeschenke machen. Mut machen, Trost spenden und Worte nur zum Helfen, Danken und Segnen gebrauchen.

5. POSITIVES HANDELN

Überlegt, feinfühlig und nachsichtig handeln. Liebevoll, konstruktiv und hilfreich sein. Zuverlässig, rücksichtsvoll und beharrlich bleiben und unabhängig von den Erwartungen der anderen. Verantwortungs - und selbstbewußt bleiben, bei allem, was ich tue. Lernen zu geben und zu nehmen und aus der »Inneren Führung« im richtigen Augenblick das Richtige tun. Auch bewußt und mäßig das Richtige essen. Fröhlich und frei auch die Freiheit des anderen respektieren.

6. POSITIVES BEWUSSTSEIN

In der Erkenntnis der Wahrheit und Wirklichkeit harmonisch, selbstlos und geborgen sein. Regelmäßig in die Stille gehen und Zeit für Meditation und Gebet nehmen. Das ganze Sein auf das Höchste ausrichten. Geistesgegenwärtig und sinnvoll leben.

7. POSITIVES LEBEN

Die geistigen Gesetze beachten, sorglos und gelassen durchs Leben gehen, in der Erkenntnis, alles ist »gleichgültig«. Harmonische Beziehungen pflegen und sich auch an den kleinen Dingen erfreuen. Gern leben, aber auch jederzeit bereit sein zu gehen. Solange ich aber lebe, vernünftig und vorbildlich und gesund leben. Das ganze Sein auf das Höchste ausrichten und Gott in allem und jedem erkennen und achten. Dankbar und bewußt jeden Augenblick erfüllen.

DIE ZWEI NATUREN DES MENSCHEN

Jeder von uns trägt zwei Naturen in sich, KAIN und ABEL.

Der Name KAIN bedeutet »Besitz«. Kain ist der ichbezogene Teil des Menschen, der habgierig und rechthaberisch ist und immer versucht, etwas in seinen Besitz zu bringen oder anderen seinen Willen aufzuzwingen. KAIN in uns will besitzen, herrschen, sich durchsetzen.

Der Name ABEL bedeutet »Atem«. ABEL ist der geistige Teil des Menschen, seine wahre Natur, so, wie er als Mensch gemeint ist. ABEL strebt beständig nach Harmonie, Ausgleich, Verbesserung des Bestehenden und will in allem das Gute wecken. Diese wahre, geistige Natur des Menschen möchte still und bescheiden Gutes bewirken.

In der Bibel erschlägt KAIN seinen Bruder ABEL. Die niedere Natur des Menschen siegt noch über den Geistmenschen. Aber in Wahrheit ist ABEL nicht zu töten, denn ABEL ist unsere wahre Natur, ist der unsterbliche Gottmensch in uns allen. Aber der, mit dem wir uns identifizieren, der wirkt durch uns und bewirkt Krankheit, Schicksalsschläge und Leid, oder Gesundheit, Harmonie und Glück. Es ist unsere freie Entscheidung, wen wir durch uns wirken lassen. Wir haben in jedem Augenblick unseres Lebens die Wahl, uns neu zu entscheiden. Zum Beispiel JETZT!

Die »Botschaft des Augenblicks« wahrnehmen

Die »Vielfalt des Lebens« auskosten, ohne: Der Trägheit des Körpers, der Gier der Seele, dem Stolz des Geistes zu verfallen. Indem ich eine bestimmte Energie / Schwingung in mein Bewußtsein nehme, reinige ich mich vom Gegenteil.

Vergangenheit aufarbeiten

Den Sinn der Geschehnisse erkennen und daraus lernen, Geist beweglich und Herz jung erhalten. Zu klären, was jetzt noch zu tun ist zum erfüllten Leben. Sich freuen an dem, was erreicht wurde. Bereinigen – Verzeihen – Loslassen.

Über sich hinaus wachsen

Den Körper mehr und mehr durchgeistigen. Seinen Jugendtraum erfüllen - mit 70 promovieren. Das eigene Leben zur Kunst erheben. Vorbild sein für sich und andere. Chance sein für Kinder, Enkel ... anderen »Alten« helfen, das Alter als Chance zu erkennen und zu nutzen, um sein Bewußtsein zu erheben. Wirken durch Sein. Die wahre Hilfe und Geborgenheit in Gott finden. Sich in Seine Hände begeben - in Seiner Geborgenheit ruhen.

Die »Geistige Geburt« geschehen lassen

Das Leben als Geschenk annehmen. Jede Minute dankbar genießen. Den »Jungbrunnen Bewußtsein« entdecken. Verjüngung von innen heraus erleben. Die letzten Erkenntnisse sammeln. Den »Schicksalsrucksack« umpacken.

Das gegenwärtige Leben
ist das Abbild eines vergangenen und
die Vorbereitung auf ein nachfolgendes.

WEGE ZU EINEM ERFÜLLTEN LEBEN

Erfüllung kann ich nur finden, wenn ich meinen individuellen Lebensweg gefunden habe und ihn auch gehe, wenn ich meine Lebensaufgabe erkannt habe, annehme und erfülle. Dabei muß ich mich entscheiden, ob ich den sichersten, den schnellsten oder den angenehmsten Weg wähle, und jeden dieser Wege kann ich auf ganz verschiedene Art gehen.

Man kann den Lebensweg mit einer Bergbesteigung vergleichen. Ich befinde mich zunächst in einem engen Tal, mehr oder weniger entfernt vom Fuß des Berges. Das heißt, mein Bewußtsein ist noch nicht erwacht und gleicht einem engen Tal mit sehr begrenztem Horizont. Will ich zum Berg, also mich dem Bewußtsein nähern, kann ich von meinem Standort aus nur in eine bestimmte Richtung gehen. Ich muß also zunächst einmal »zu Bewußtsein kommen«, erst dann kann ich mein Bewußtsein erheben, mit der eigentlichen Bergbesteigung beginnen.

Habe ich mich so auf den Weg zu mir selbst gemacht und bin »zu Bewußtsein gekommen«, beginnt der Aufstieg. Nun muß ich die Richtung, den Weg und mein Tempo bestimmen. Ich kann rechts herum oder links herum gehen, und obwohl es entgegengesetzte Richtungen sind, gelange ich in beiden Richtungen zum gleichen Ziel. Ich kann sogar auf der direkten Route durch die Wand auf den Gipfel gelangen. Wir alle sind, sobald wir erwacht sind, auf dem Weg zum Gipfel, zum Höchsten Bewußtsein.

Aber was geschieht, wenn wir anderen begegnen? Wir streiten uns, weil jeder meint, nur seine Richtung kann die richtige sein, schließlich kommen wir ja gerade aus der Richtung, in die der andere gehen will, und natürlich halten wir auch unser Tempo für das einzig richtige, denn wer schneller geht, der wird nur vor dem Ziel müde und wer langsamer geht, der kommt erst gar nicht ans Ziel. Solange wir uns aber streiten und uns gegenseitig aufhalten, kommt keiner ans Ziel. In Wirklichkeit jedoch führt jeder Weg früher oder später zum Gipfel, wenn wir ihn nur konsequent zu Ende gehen.

Es gibt gut ausgebaute Wege, mit Sicherungen an den gefährlichen Stellen und es gibt schmale Pfade, die unsere ganze Aufmerksamkeit und Kraft erfordern. Es gibt auch die bequeme Möglichkeit der Bergbahnen, die den verschiedenen Kirchen entsprechen und die individuelleren Sessellifte, die den unzähligen Sekten entsprechen. Hier ist der Aufstieg zwar bequem, aber ich erreiche so immer nur die Bergstation und nie den Gipfel. Die letzten Schritte der persönlichen Gotteserfahrung muß ich selbst machen und dazu natürlich die Bergbahn oder den Sessellift verlassen.

Es kann allerdings vorkommen, daß ich zwar aussteige und über der schönen Aussicht meine »Gipfelsehnsucht« vergesse, oder gar glaube, schon am Ziel zu sein. Deshalb ist es hilfreich, einen Bergführer zu nehmen, der den Weg aus eigener Erfahrung kennt, weil er den Gipfel schon mehrfach erstiegen hat. Soweit ich den Berg erstiegen habe, kann auch ich schon anderen, die noch nicht so weit gekommen sind, zum Führer werden, denn im Grunde sind wir alle Geführte und Führer zugleich.

Je näher wir dem Gipfel kommen, desto stärker weht der Wind, aber um so stärker wird auch die Sehnsucht, und letztlich lassen wir uns durch nichts mehr aufhalten, kennen nur noch ein Ziel, endlich den Gipfel zu erreichen. Haben wir aber das Ziel endlich nach vielen Mühen erreicht, erkennen wir, daß wir uns nicht auf unseren Lorbeeren ausruhen können, denn wer sich auf seinen Lorbeeren ausruht, trägt sie an der verkehrten Stelle. Vielmehr erkennen wir, daß der Weg das Ziel ist, und das Ziel nur das Ende des Weges. Also machen wir uns wieder auf den Weg nach unten, um den vielen zu helfen, die den Weg zum Gipfel noch nicht gefunden haben.

Wir haben dann unsere individuelle Lebensaufgabe erfüllt und können nun einen angemessenen Teil der allgemeinen Menschheitsaufgabe übernehmen, denn der Weg ist erst beendet, wenn ALLE auf dem Gipfel angekommen sind. Jeder trifft so auf seinem Weg zum Gipfel immer wieder einmal einen solchen Bergführer, der ihn ein mehr oder weniger großes Stück zum Gipfel führt. Und begegnen sich Bergführer untereinander, dann erkennen sie sich natürlich und tauschen ihre Erfahrungen aus, um so den ihnen Anvertrauten immer besser helfen zu können. Dann macht sich jeder wieder auf seinen Weg.

»Vergeßt nie die drei wichtigsten Dinge:
Gute Gedanken –

Gute Worte –

Gute Taten!«

So wird Erfolg unvermeidlich

Machen Sie sich bewußt, Sie sind ein Sender und senden ständig Energie einer bestimmten Schwingung aus. Mit dieser Schwingung ziehen Sie ganz bestimmte Ereignisse und Umstände in Ihr Leben und ebenso zuverlässig schließen Sie damit andere Ereignisse und Umstände aus, auch wenn Sie diese noch so sehr wünschen oder ganz dringend brauchen. Das, was Sie so verursachen, erleben Sie dann als Ihr Schicksal. Gleich, ob Sie das bewußt oder unbewußt tun. Sie können es sich vorstellen wie eine Mahlzeit, die Sie zubereiten. Das, was Sie da im wahrsten Sinne des Wortes »angerichtet« haben, müssen Sie auslöffeln, ob es Ihnen schmeckt oder nicht, und Sie erleben es im Außen als Situation, Ereignis, Umstand, Begegnung oder Zufall.

Sie haben also eine bestimmte Schwingung und der erwünschte Endzustand hat eine bestimmte Schwingung. Wenn diese beiden Schwingungen nicht übereinstimmen, können Sie den erwünschten Endzustand nicht erreichen. Stimmen diese beiden Schwingungen aber überein, können Sie das Ergebnis gar nicht mehr vermeiden. Sie können so ganz bewußt bestimmte Ereignisse in Ihr Leben ziehen, oder andere ebenso zuverlässig ausschließen. Sie ziehen ein Ereignis in Ihr Leben, indem Sie mit dem erwünschten Endzustand in »Ein-Klang« kommen. Sie kommen damit in Ein-Klang, indem Sie ihn «als erfüllt erleben». Durch Identifikation mit dem erwünschten Endzustand nehmen Sie ihn geistig in Besitz. Sie machen sich so nicht nur resonanzfähig, sondern geradezu «magnetisch» für dieses Ereignis, und aus einer Möglichkeit der Zukunft wird so eine Realität der Gegenwart. Sie rufen damit das Ereignis «in Erscheinung», und das Leben MUSS es in der äußeren Realität manifestieren als Tatsache. Sie können so JEDES beliebige Ereignis in Ihrem Leben »geschehen lassen«, und Ihr persönlicher Erfolg wird »unvermeidlich«.

Machen Sie sich einmal bewußt: Was sende ich jetzt aus? Was ziehe ich damit in mein Leben? Oder was verhindere ich dadurch? Will ich das? Was WILL ich in mein Leben ziehen? Was muss ich dafür ausstrahlen? Stellen Sie sich vor, DIE NÄCHSTEN 5 MINUTEN entscheiden über Ihr ganzes Leben. So können Sie Realität unmittelbar verändern. Das ist wahres Leben in der Wirklichkeit.

Sie machen sich für Gesundheit resonanzfähig, indem Sie Gesundheit in sich spüren, erleben, »geschehen lassen«. Im gleichen Augenblick beginnt sich auch Gesundheit in Ihrem Körper zu manifestieren. Neue Zellen werden nach einem gesunden Bauplan ausgetauscht, Heilungsenergie wird aktiviert, und wenn Sie so Heilung STÄNDIG geschehen lassen, steht das Ergebnis fest. Sie werden und bleiben gesund.

Das gleiche gilt für eine erfüllende Partnerschaft. Sie machen sich resonanzfähig dafür, Liebe zu geben, aber auch anzunehmen und lassen die Liebe ständig »geschehen«. Sie werden so ein idealer Partner und sind auf dem Weg zu einer erfüllenden Partnerschaft.

Das gleiche gilt für den Weg vom Beruf über die Berufung zur Erfüllung. Oder Ihren persönlichen Erfolg. Oder Ihre geistige Entwicklung.

Damit steht fest, daß Sie ein absolut erfolgreiches und erfüllendes Leben führen können – Sie brauchen es nur noch STÄNDIG »geschehen zu lassen«. Denn das zu wissen, nützt gar nichts, erst das TUN verändert die Welt!

Entscheidend für Ihren Erfolg ist nur,
wieviel Sie realisieren.
das Meiste wird nur deshalb nicht erreicht,
weil es nicht unternommen wurde.

DER »KOSMISCHE TON«

Wenn ich in der Meditation »nach innen lausche«, höre ich ganz deutlich einen inneren Ton, sehr hoch, wie das Singen von Telephondrähten im Wind.

Es ist eine sehr hilfreiche Konzentrationsübung, in der Meditation ganz mit diesem »Kosmischen Ton« in mir zu verschmelzen. Gelingt es mir, mit dem Strom des kosmischen Tons eins zu werden, erkenne ich nicht nur, daß seine alles durchdringende Kraft das ganze Universum ausfüllt, daß es sich um den ständigen »Urlaut der Schöpfung« handelt, mein Sein trinkt dabei auch von dem »Wasser des Lebens«. Reine Lebenskraft durchdringt und erfüllt mein ganzes Sein.

Ich kann die Kraft des Tonstromes darauf lenken, mein ganzes Sein »heil« werden zu lassen, ich kann aber auch einen Wunsch, eine Absicht in den Strom geben, der sie in kürzester Zeit verwirklicht. Ich kann so für mich, für einen anderen Menschen oder für die Schöpfung wirken. Auf diese Weise bin ich in direktem Kontakt zur »Schöpferischen Urkraft«.

Ich kann mich dabei durchaus wert fühlen, das Geschenk des Lebens anzunehmen, meine Bedürfnisse unmittelbar zu stillen, das Gute des Lebens anzunehmen.

Ich kann aber auch einfach nur wunschlos und ab-
sichtslos eins werden mit dem Leben und in dieser Einheit ruhen.

Das Leben ist ein Spiel

Wenn ich das Leben als Spiel erkannt habe, weiß ich folgendes: Das »Spiel des Lebens« wird mir zur Freude gespielt.

Ab jetzt bin ich Spieler, nicht mehr Spielfigur, und Schwierigkeiten machen das Spiel erst interessant. Jedes gelöste Problem bringt mir Erkenntnisse.

Mein Platz ist dort, wo ich gerade stehe

Ich selbst bestimme mein Schicksal, alle Umstände, ich muß sie ertragen, und nur ich kann sie verändern. Meine Lebensumstände sind ein Spiegelbild meines Bewußtseins, und deshalb lasse ich jetzt los, was nicht mehr wirklich zu mir gehört.

Mein Glück ist nicht von den Umständen abhängig, sondern von meiner Einstellung. Jeder Augenblick ist einmalig und kommt in dieser Form nie wieder zurück.

Der Körper ist kein Spielverderber, der mir mit zunehmendem Alter immer mehr Schwierigkeiten bereitet, sondern mein Freund, der mir mit jeder Krankheit eine wichtige Botschaft übermitteln will.

Meine Vergangenheit ist vorbei und kehrt nicht mehr wieder. Also lerne ich daraus und lasse sie los - bin endlich frei. Immer kommt etwas Besseres nach, doch es muß nicht immer etwas Bequemeres sein!

Nichts und niemand auf der Welt kann mich ärgern, außer ich selbst. Und nur ich selbst kann es jederzeit lassen!

Es gibt nichts, wovor ich Angst haben müßte, denn es gibt nichts außer der EINEN Kraft. In der Einheit mit dem höchsten Bewußtsein bin ich unbesiegbar.

Die Karriereleiter führt nirgendwohin, nur ans Ende der Leiter. Deshalb ist der Beruf nicht etwas womit, sondern wovon man lebt.

Mein »Innerer Meister« wartet darauf, für mich die richtigen Entscheidungen zu treffen. Er spricht ständig zu mir, und ich kann seine Botschaften auf vielfältige Weise sichtbar machen. Dadurch daß ich: Sätze vollende, mich mit Tarot und ähnlichem beschäftige, die Botschaften meines Körpers verstehen lerne, die Lebensumstände begreife, ein Buch aufschlage und bestimmte Zeilen als Wegweiser nehme.

Alle Weisheit und die Antwort auf alle Fragen liegt in mir. In jedem Augenblick kann ich mein ganzes Leben ändern.

Ich besitze nichts, alles ist vom Leben geliehen. Alles sind nur »Spielsachen«, die ich ohnehin hier zurücklasse. Ich besitze nichts, nicht einmal mein Leben, meine Zeit, meine Kraft.

Was wirklich zu mir gehört, das kann ich nicht verlieren, und was nicht zu mir gehört, kann ich ohnehin nicht halten. Das Einzige, was ich mitnehme, sind meine Erkenntnisse. Dafür habe ich gelebt. Doch nicht das Wissen, nur das Tun ändert die Welt.

So lerne ich »tätig zu danken« durch die Art, wie ich lebe. Jemanden zu »erkennen« als der, der er wirklich ist, ist der größte Liebesdienst, den ich ihm erweisen kann. So erhebe ich ihn zu sich selbst. Sehe ich alles als »Gottesdienst«, gibt es auch keinen Streß.

Der Tod ist denn die »Krönung des Lebens« und nicht das Ende. Ich war immer und werde immer sein, denn ICH BIN. Ich bin vollkommenes, unsterbliches Bewußtsein, bin ein Teil des Höchsten Bewußtseins.

Der Weg ist das Ziel, das Ziel ist nur das Ende des Weges und der Beginn eines neuen Weges. Also genieße ich es, auf dem Weg zu sein.

Wenn du jetzt hinaustrittst, ins Leben, dann ist alles wie vorher. Du lebst mit dem gleichen Partner, übst den gleichen Beruf aus und fährst das gleiche Auto. Nur eins ist anders, du weißt von nun an, wer du wirklich bist und daß alles nur ein Spiel ist.

Also worauf wartest du, fange an. Spiele das »Spiel des Lebens« und vergiß nicht, dieses Spiel ist dir zur Freude erdacht worden, also freu dich und denk dran:

»IN DIESEM SPIEL KANNST DU NUR GEWINNEN«

- Welche Konsequenzen ergeben sich aus diesen Erkenntnissen?
- Welche neuen Gewohnheiten sollte ich mir zulegen?
- Es »geschieht nichts«, es sei denn, Sie tun es.
- Also wie ändert sich Ihr Leben ab jetzt?
- Sie bestimmen Ihr Leben - es ist sonst keiner da.
- Ich bin nur ein Wegweiser.

EIN WEGWEISER ZEIGT ZWAR VERLÄßLICH DEN RICHTIGEN WEG, ABER ER KANN KEINEN EINZIGEN SCHRITT FÜR SIE GEHEN.

Die Geburt der Weisheit

Das Leben ist wie ein Film, und die meisten Menschen spielen mit, ohne zu bemerken, daß alles nur ein Film ist. Manche erkennen zwar den »Lebensfilm«, aber fühlen sich davon getrennt, obwohl sie darin handeln. Nur ganz wenige stehen hinter dem Projektor und spielen den Film ab.

Wirklich leben aber tut nur der, der hinter der Kamera steht und den Lebensfilm dreht, nach einem Drehbuch, das er selbst geschrieben hat. Er weiß auch, wem das Kino gehört und wer die Zuschauer in Wirklichkeit sind, die sich den Film ansehen, dem auch er gleichzeitig zuschaut.

Der Kinobesitzer in diesem Beispiel ist Gott, die einzige Realität, und wir alle sind ein Teil dieser Realität, ein Teil dieses einen Bewußtseins, das wir Gott nennen. Alles andere ist Maya – Schein, ein »Abbild« dieser einen Wirklichkeit. Und der Titel des Films heißt:

Das Spiel des Lebens

In diesem Film sind wir Drehbuchautor, Regisseur, Hauptdarsteller, Zuschauer, ja sogar Mitbesitzer des Kinos, in dem der Film läuft. Worauf es ankommt ist, daß wir uns dessen bewußt sind. Das Ganze findet uns zur Freude statt. Wenn mir der Film keinen Spaß macht, sollte ich das Drehbuch ändern, eine andere Rolle spielen, mir dieser Rolle bewußt sein und das »Spiel des Lebens« genießen.

Betrachten Sie das Leben von der heiteren Seite.

Wenn Ihnen einmal eine Seite Ihres Daseins nicht gefällt, blättern Sie einfach um.

GELEBTE WEISHEIT

DAS LEBEN ALS MEDITATION

Zunächst die Vielfalt der Eindrücke des Lebens ordnen. Loslassen, was mich nicht weiterbringt. Vereinfachen. Bei allem sich immer wieder fragen: »Ist das richtig, wichtig?« Mehr und mehr sein Tun auf Gott ausrichten.

Morgens als erstes sich bewußt machen: »Wer bin ich?« Als »Wahres Selbst« erwachen, denken, reden, handeln und einschlafen.

Beim Duschen gleichzeitig innerlich »Lichtduschen«. Die richtigen »Geistigen Kleider« anziehen, wie Toleranz, Gelassenheit, Liebe usw.

Den Tag mental vorauserleben und sich geistig vorbereiten. Mir bewußt werden, was ich heute will und was das Leben will. Einen Wächter vor das Tor meines Bewußtseins und Gemütes stellen, der nur Gutes herein und hinausläßt.

Das »Innere Lächeln« mehrmals täglich erneuern. Überall Zettel hinlegen: »Wer bin ich gerade?«

WILL ICH DAS WIRKLICH?

Jede Stunde eine »Stilleminute« einlegen. Mir vor jedem Telefonat oder Gespräch und bevor ich eine neue Arbeit beginne, bewußt machen, wer ich bin. Nach jedem Ärger, Aggression, Streß usw. wieder Ich Selbst sein. Bewußt regelmäßig »Psychohygiene« betreiben, das heißt, mental umerleben, was nicht optimal gelaufen ist, um so meinem Unterbewußtsein die erwünschten Bilder einzugeben. Wenigstens einmal abends, besser wann immer es gerade nötig ist, sofort.

- Wahres positives Denken praktizieren, das heißt, auch im Unangenehmen und Schmerzhaften das Hilfreiche und Gute erkennen.
- Bewußt im Hier und Jetzt leben.
- Den Augenblick erfüllen.
- Ein erfülltes Leben sind viele aneinandergereihte erfüllte Augenblicke.
- Das eigene Verhalten ständig in Frage stellen.
- Mir bewußt machen, was ich tue, wie ich es tue und warum.
- Mir bewußt machen: Wie wäre es denn ideal?
- Was will mein Verstand, Gemüt, Ego und warum?
- Was würde ein Meister / Gott an meiner Stelle jetzt tun?

Vor jeder wichtigen Entscheidung die Intuition in sich fragen – den »Inneren Meister«. Bei allem, was ich tue, überprüfen, ob ich das wirklich bin, der da handelt. Überprüfen, ob diese Handlung wirklich meiner Entwicklung dient. Sich fragen: Wie würde Gott durch mich: Arbeiten, essen, Auto fahren, die Freizeit gestalten, sich kleiden, mit dem Partner umgehen, die Probleme, Aufgaben lösen? Meine Situation klären und richten?

Einmal bewußt erleben:

• Gott liest gerade durch mich.

• Wie nimmt ER es auf? Wie geht ER damit um?

• Was schaut ER sich an? Wie sieht ER es?

Sich bewußt machen:

• Mein Geld gehört in Wirklichkeit Gott.

• Wie geht Gott mit seinem Geld um?

• Wofür gibt Gott sein Geld aus?

• Gibt Gott es dafür aus, wofür ich es gerade ausgeben will?

Nur »Gesegnetes« essen und trinken und bewußt essen. Auf der Toilette bewußt loslassen, was nicht mehr zu mir gehört, auch geistig Überholtes, Unbrauchbares, die Vergangenheit usw.

Das eigene Licht, das »Licht des Wahren Selbst« bewußt anzünden und leuchten lassen. Das »Wahre Selbst« in jedem erkennen. Als Wahres Selbst das Wahre Selbst im anderen ansprechen. bewußt segnen: Den anderen, meine Arbeit, das Essen, den Körper, meine Familie, mein Haus, das letzte Geld usw.

Abends den Tag »bereinigen« und alles, was nicht optimal gewesen ist, mental umerleben, so wie es hätte sein sollen. Versöhnen, verzeihen und um Verzeihung bitten wo nötig. Vor dem Einschlafen den Tag bewußt loslassen. Ins höchste Bewußtsein gehen – in die Geborgenheit und Liebe Gottes und in der Geborgenheit seiner Liebe einschlafen.

Bewußt Gott durch mich wirken lassen. »Gott wirkt durch mich als ich – ich bin der stille Beobachter seines Wirkens.« Bewußt leben in der »Gegenwart Gottes«. Was immer ich denke, fühle, sage und tue, tut Gott durch mich. Leben in der Einheit: »Der Vater und ich BIN eins.«

Die meisten Menschen haben nicht, was sie wollen, weil sie nicht wollen, was sie haben. Wollten sie, was sie haben, hätten sie, was sie wollen. Mangel oder Fülle sind Zustände des Bewußtseins. Brauche ich mehr, als ich habe, lebe ich im Mangel. Habe ich mehr, als ich brauche, lebe ich in der Fülle. Und immer lebe ich in dem Bewußtsein, daß ich nicht verlieren kann, was wirklich zu mir gehört, aber was nicht zu mir gehört, kann ich auch nicht halten.

Leben Sie in der Erkenntnis: »Was ich brauche, habe ich und was ich nicht habe, brauche ich auch nicht!«

Und bevor Sie das erste Wort zu jemandem sprechen, erheben Sie Ihr Bewußtsein und sprechen Sie die richtige Ebene im anderen an, denn es antwortet der, den Sie ansprechen. Und bei allem, was Sie sagen, hören Sie sich »selbstbewußt« zu. Segnen Sie jeden, der Ihnen begegnet und werden Sie so selbst immer mehr zum Segen. Leben Sie als Meister und wo es noch nicht so recht geht, tun Sie so als ob, bis Sie ganz tief in sich erkennen, ich bin der Innere Meister.

Seien Sie ein weiser Gott in Ihrem Mikrokosmos. Bringen Sie Ihr ganzes Denken, Fühlen, Reden und Handeln immer mehr in Einklang mit der Schöpfung. Wenn Sie so die »Innere Wahrheit und WEISHEIT« immer tiefer mit Verstand und Gemüt erfassen, daß Sie sie leben können, dann erfahren Sie Ihre wahre Berufung. Denn die Schöpfung ist zwar vollkommen, aber nicht vollendet, und wir alle sind aufgerufen, Mitschöpfer zu sein, im Bewußtsein der Einheit zu leben, erfüllt und geführt von der einen Kraft, die wir GOTT nennen!

> *Ich denke – also bin ich!*
> *Ich bin – also will ich!*
> *Ich will – also kann ich!*
> *Ich kann – also handle ich!*

DER BAUER UND DER LIEBE GOTT

Es war einmal ein armer Bauer, der lebte fleißig und rechtschaffen in seiner kleinen Hütte und war zufrieden. Als er eines Tages sich wieder mühte, seine kargen Felder zu bestellen, sah er plötzlich ein helles Licht vor sich und darin ein kleines Männlein, das zu ihm sprach: »Du bist allezeit rechtschaffen gewesen und glücklich trotz deiner Armut, und so will ich dir drei Wünsche erfüllen. Wenn du einmal einen Wunsch hast, so rufe mich und ich werde ihn dir erfüllen.

Der Bauer ging nach Hause und erzählte seiner Frau von dem wunderbaren Erlebnis. Er meinte, eigentlich habe er keine Wünsche, da er von Herzen glücklich sei, aber seine Frau wollte gern Königin sein, und so bedrängte sie ihren Mann sich zu wünschen, daß er König würde. Seiner Frau zuliebe ließ sich der Bauer überreden, rief das Männlein und sagte seinen Wunsch. Da erhob sich ein Brausen in der Luft, alles drehte sich um ihn, und als er wieder richtig zu sich kam, war er König in einem prächtigen Palast, und seine Frau saß neben ihm als Königin.

Er erfreute sich an all den schönen Dingen aber seine Frau hatte sich bald daran gewöhnt und wollte noch mehr. So bedrängte sie ihn, Kaiser zu werden. Er wollte eigentlich nicht, weil er glücklich war, aber seiner Frau zuliebe rief er noch einmal das Männlein und bat darum, Kaiser zu werden. Da erhob sich wieder ein starkes Brausen in der Luft, alles drehte sich um ihn, und als er wieder zu sich kam, war er Kaiser, und seine Frau saß neben ihm als Kaiserin.

Er war zufrieden, aber seine Frau hatte sich bald an den Glanz gewöhnt, und als sie eines Tages eine Audienz beim Papst hatten und die Knie beugen mußten vor dem Höheren, da wurmte es sie, daß noch jemand auf der Welt höher stand als sie, und sie bedrängte ihren Mann, das Männlein zu bitten, Papst zu werden. Der Bauer wollte es nicht, weil er sehr zufrieden war. Aber sie drängte so lange, bis er nachgab. Er rief das Männlein, äußerte seinen Wunsch, und wieder erhob sich ein gewaltiges Brausen in der Luft, alles drehte sich um ihn, und als er wieder zu sich kam, war er Papst.

Er war sehr zufrieden, aber als seine Frau sah, daß er täglich zu Gott betete, da erkannte sie, daß noch immer einer höher stand, und sie drängte ihn, Gott zu werden. Er wollte nicht und außerdem waren die Wünsche verbraucht, aber sie drängte so lange, bis er nachgab. Wieder rief er das Männlein, sagte seinen Wunsch, und das Männlein sprach: »Noch einmal will ich dir deinen Wunsch erfüllen, aber diesmal ist es der letzte«. Da erhob sich ein so gewaltiges Brausen wie nie zuvor, alles drehte sich um ihn, und als zu sich kam, saß er wieder als armer Bauer in seiner Kate, wie früher.

Da erkannte er, daß man Gott nicht außen in den Dingen finden kann, sondern nur in sich, denn Gott wohnt in einem fröhlichen und rechtschaffenen Herzen, und das hatte er ja schon immer gehabt. So war er eins mit Gott, arbeitete fleißig und war glücklich bis an sein Ende.

*Manche Menschen würden
eher sterben als nachzudenken.
Und sie tun es auch.*

DIE CHANCE DES ALTERS

Nur wenige werden erwachsen – die meisten werden nur alt! Erkennen Sie, daß es nur der Körper ist, der alt wird. Innen bleiben Sie 20. Das »Wahre Selbst« altert nicht.

AUFGABE DES ALTERS IST ES, LOSZULASSEN

Ärger, Angst, Enttäuschung, Kränkung, Bindung, Vergangenheit, Eigenwille, Erwartungen usw. Auch Dinge, die ich jetzt nicht mehr tun kann. Sport, Sex . . . Die altersbedingte »Arbeitslosigkeit« führt bei vielen Menschen zum Selbstwerteinbruch.

Krankheit muß auch im Alter nicht sein. Alterskrankheiten sind nur die ungelernten Lektionen im Laufe des Lebens. Nicht mehr gut sehen, hören, Vergeßlichkeit, Verkalkung, Unbeweglichkeit, Verhärtung, Hüftprobleme, Schwierigkeiten mit der Verdauung, Hilflosigkeit, Schwäche.

Früher wurde man alt im Kreise seiner Familie. Heute ist da oft die Angst, abgeschoben zu werden. Angst auflösen durch die Erkenntnis: Mir kann nur das widerfahren, was für meine Entwicklung notwendig ist, und was zu mir gehört, kann ich nicht verlieren. Einsamkeit zum »All-eins-sein« transformieren.

Mancher wäre am liebsten tot. Aber ich kann erst gehen, wenn meine Aufgabe erfüllt ist. Was also ist noch zu tun? Was erwartet das Leben noch von mir? Bin ich wirklich vorbereitet? Testament gemacht?

Auch Selbstmord ist keine Lösung, denn ich kann nicht vor meinen Aufgaben davonlaufen. Wohin auch?

Andere haben Angst vor dem Tod. Die Aufgabe dabei ist, eine Antwort zu finden auf die Frage: »Was kommt danach? Geht es weiter?« Das Sterben ist der letzte Teil meines selbstverursachten Schicksals – der Tod ist die »Krönung des Lebens«.

LERNEN FREI ZU WERDEN VON

Verpflichtungen, der Meinung anderer, Besitz, Angst, Erfolg, materiellen Zielen, körperlichen Wünschen.

Frei zu sein vom Außen für das Innen, für sich selbst und das, was ich schon immer tun wollte. Sollte? Sein Inneres aktiv erleben.

Seine Eigenschaften zum Charakter formen. Das Wissen zur Weisheit werden lassen. Seine Lektionen annehmen, wie: Alter, Gebrechlichkeit, Häßlichkeit, Krankheit – Schönheit von innen erwerben. Sich innere Jugendlichkeit und Lebendigkeit erhalten, frei vom Alter.

DIE GEISTIGEN GESETZE

Unser Leben, die ganze Schöpfung ist durchdrungen von einer inneren Ordnung, und diese Ordnung gehorcht bestimmten Gesetzen, den »Geistigen Gesetzen«. Diese Geistigen Gesetze haben einen eigenen Rhythmus, und wir alle sind eingebettet in diesen Rhythmus der Schöpfung. Unser ganzes Leben vollzieht sich in Rhythmen: Einatmen und ausatmen, wachen und schlafen, aktiv sein und ruhen. Eines ist ohne das andere nicht möglich, gehört zusammen, ist ein Ganzes, ist der Inhalt unseres Lebens. Lachen und weinen, Gesundheit und Krankheit, geben und nehmen, zuhören und reden, arbeiten und entspannen, alles vollzieht sich in diesem ewigen Wechsel.

Auch Raum und Zeit unterliegen diesem Rhythmus mit dem Wechsel von Tag und Nacht, Sommer und Winter, Saat und Ernte, Ebbe und Flut. Alles hat seine Zeit. Würde der Bauer zur falschen Zeit säen, er könnte nichts ernten. Es ist also wichtig, diese ewigen Gesetze zu kennen, um den Rhythmus sinnvoll zu nutzen.

Seit ewigen Zeiten haben Meister aus allen Kulturen uns etwas über diese Gesetze hinterlassen. Es ist an der Zeit, dieses Erbe anzutreten, es zu sichten und zu ordnen und unser Leben damit zu bereichern. Sobald ich diese Gesetze kenne, dienen sie mir, helfen mir, das Richtige zur rechten Zeit zu tun und ein erfülltes Leben zu leben.

Als ich siebzehn war, wünschte ich mir vor allem, einem Meister zu begegnen, der mich in die Geheimnisse des Lebens einweiht. Der in mir Kräfte aktiviert, Fähigkeiten weckt und mir Erkenntnisse vermittelt, mit deren Hilfe ich meine Wünsche verwirklichen und meine Ziele sicher erreichen könnte. Mit einem Wort, der mir hilft, erfolgreich zu werden und ein erfülltes Leben zu leben. Leider ist mein Wunsch so nie in Erfüllung gegangen. So blieb mir nichts anderes übrig, als Schritt für Schritt die Erkenntnisse selbst zu erwerben.

Mein ganzes Leben lang interessiere ich mich brennend für die geistigen Gesetze, nachdem ich erkannt hatte, daß auch der sogenannte Zufall klaren Gesetzmäßigkeiten gehorcht. Ich wollte verstehen, nach welchen Gesetzen das Leben abläuft, denn wir leben in einer Welt, die wir KOSMOS nennen und das bedeutet ORDNUNG. In dieser absoluten Ordnung ist kein Platz für so etwas wie ZUFALL!

Alle Weisen zu allen Zeiten in allen Ländern dieser Erde haben die geistigen Gesetze erforscht, und ich habe gesammelt, was sie erkannt und überliefert haben. Durch die Kenntnis der geistigen Gesetze hatten sie Macht, denn Wissen ist Macht. Generationen von Pharaonen und Hohenpriestern haben in ihrer Zeit die Macht ausgeübt, die sich auf die Kenntnis der geistigen Gesetze stützte. Heute sollten wir die Kenntnis dieser Gesetze nutzen, um uns selbst zu beherrschen und unser Leben frei zu bestimmen. Wer immer diese Gesetze kennt, dem sind sie willige und mächtige Diener. Unsere Aufgabe heute ist es, nicht Macht über andere auszuüben, sondern sie verantwortungsbewußt zum Wohle aller einzusetzen.

Wie die Unwissenden handeln,
weil sie begehren,
so sollte der Weise handeln,
ohne zu begehren.

DIE SPIELREGELN DES LEBENSSPIELS
ES IST WIE IM STRASSENVERKEHR

Wenn ich ohne Führerschein Auto fahre, werde ich früher oder später Schwierigkeiten bekommen. Ich verletze die Gesetze und werde dafür zur Rechenschaft gezogen, und außerdem könnte ich sogar einen Unfall verursachen, also Disharmonie im Leben. Es ist daher wichtig, daß ich eine Fahrschule besuche, um zu lernen, mein Auto (Selbst) wirklich zu beherrschen.

In der Fahrschule lerne ich am Anfang die Theorie, die Verkehrsregeln der Straßenverkehrsordnung. Genau so sollte ich, bevor ich mein SELBST in Besitz nehme und in Aktion setze, die »Geistigen Gesetze« kennen lernen.

Dann kommt der praktische Unterricht, die Fahrstunden. Hier lerne ich, mich SELBST im Einklang mit den Geistigen Gesetzen zu verhalten, die gesammelten Erkenntnisse praktisch zu leben und die Rechte der andere zu achten. Das ist anfangs noch recht kompliziert, wird aber immer mehr zur Routine.

Wenn ich dann das Autofahren beherrsche, also wirklich mit meinem SELBST umgehen kann, wird das Leben zum Spiel, Unfälle (Disharmonien und Kollisionen mit dem Leben) werden immer seltener, bis ich endlich ganz unfallfrei fahre. Dann wird das Leben zum Spiel, das Fahren ein Vergnügen.

Doch Auto fahren kann ich erst, wenn ich eingestiegen bin, wenn ich den Weg nach Innen gegangen bin, eins geworden bin mit mir SELBST. Dann beginnt das eigentliche Leben, das Spiel, die »Leichtigkeit des Seins«.

Um in dieser »Leichtigkeit des Seins« zu leben, muß ich die »Wirklichkeit hinter dem Schein« erkennen.

DIE »EINE KRAFT« RUHT IN SICH

Am Anfang war der Wille des Einen, viele zu sein. Sein Wille tritt als Schöpfung in Erscheinung. Alles Sein ist Ausdruck seines Willens.

Das Absolute, die eine Wirklichkeit hinter dem Schein, ist ein ewiges, allgegenwärtiges, grenzenloses, unveränderliches Prinzip, über das alles Nachdenken unmöglich ist, da wir seine allumfassende Grenzenlosigkeit mit dem Werkzeug unseres begrenzten Verstandes nicht erfassen können. Wir können diese »Eine Kraft« hinter allem Sein nur durch das Dasein als das Vielfältige erkennen. Jeder menschliche Ausdruck oder Vergleich könnte es nur verkleinern. Aber es gibt diese »Eine Kraft« , die allem manifestierten, begrenzten Sein vorausgeht. Wir können sie die »Schöpferische Urkraft« nennen, die geistige Ursache allen Seins, oder einfach GOTT.

Alles was ist, ist das Ergebnis des Wirkens dieser Schöpferischen Urkraft. Daher kann es auch nichts Totes geben - alles ist organisch und lebendig. Die ganze Schöpfung ist ein lebendiger Organismus. Diese eine Kraft, die »unaufhörliche Bewegung des Großen Atems« erweckt den Kosmos beim Beginn einer neuen Periode mit Hilfe zweier entgegengesetzter Kräfte, der zentripetalen und der zentrifugalen Kraft und schafft so die Dualität, männlich und weiblich, positiv und negativ, geistig und körperlich, die zusammen doch nur Ausdruck des Wirkens der »Einen Kraft«sind. Dieses Wirken versetzt den Kosmos von der Ebene des Ideals auf die Ebene der begrenzten Manifestation und läßt das Ideal so offenbar werden.

GOTT SCHUF NICHT DIE WELT, GOTT WURDE DIE WELT! Alles was ist, war und jemals sein wird, ist ewig, denn alles hat die gleiche Grundsubstanz, ist eine Manifestation des Ewigen. Der Wissenschaftler mag diese Grundsubstanz Energie nennen, der Metaphysiker Geist, der Religiöse einfach GOTT. Der Grad der Schwingung bestimmt die Art der Manifestation, und jede Änderung der Schwingung bewirkt eine Veränderung der Form der Manifestation.

Alles ist beseelt und jede Seele ist ein ungetrennter Teil der universellen Seele der Schöpfung, die selbst wieder ein Ausdruck der »Einen Kraft« ist. Alles Sein nimmt auf seine individuelle Reise, seine Pilgerschaft durch Raum und Zeit, einen Funken dieser Göttlichen Allseele mit, ohne die es kein Sein hätte. Und alles im Kosmos hat Bewußtsein, gleich, auf welcher Ebene es in Erscheinung tritt. So etwas wie tote Materie gibt es nicht, ebensowenig, wie es ein blindes oder unbewußtes Gesetz gibt.

Nichts in dieser Welt ist Zufall, sondern alles gehorcht dem Gesetz von Ursache und Wirkung. Alles Leben ist Gesetz. Schon der Name »Kosmos« bedeutet »Ordnung« und besagt, daß alles Sein nach einem innewohnenden Schöpfungsplan abläuft. Dieser Schöpfungsplan findet seinen Ausdruck in den »Geistigen Gesetzen«. Für die vielfältigen Ausdrucksmöglichkeiten des Lebens ist es notwendig, daß ein solcher Plan existiert, der das »Zusammenleben« regelt, denn schon ein einziger »unplanmäßiger« Zufall würde sonst die Ordnung des Universums durcheinanderbringen und das Zusammenspiel der Kräfte stören.

Diese Geistigen Gesetze sind den meisten Menschen unbekannt, aber deswegen sind sie nicht weniger wirksam. Wirklichkeit heißt ja so, weil sie wirkt, ganz gleich, ob ich an sie glaube oder nicht. Die Schöpfung würde sich in einem ziemlichen Chaos befinden, wenn die Geistigen Gesetze erst wirksam werden könnten, wenn der Mensch sie erkannt hat. Aber wenn wir auch die hinter den Ereignissen wirksamen Gesetze nicht immer erkennen, so sind sie doch vorhanden, ja die Ereignisse sind gerade ein Beweis für das Wirken dieser Geistigen Gesetze.

Ein Gesetz ist zwar nicht meßbar, aber seine Auswirkungen sind meßbar, und wir haben eine Möglichkeit, auch Gesetze zu erforschen, die wir noch nicht kennen. Auch diese Möglichkeit ist uns gegeben durch ein Gesetz, das »Gesetz der Analogie«. Durch das zuverlässige Wirken dieses Gesetzes können wir auch Bereiche des Lebens erforschen, die sich bisher unserer Erkenntnis entzogen haben. Die Beobachtung der Realität zeigt uns dann später, ob wir das Gesetz umfassend erkannt haben.

Wir können diese Geistigen Gesetze nicht ändern, wir können uns höchstens dagegen auflehnen. Doch sobald wir eigenwillig werden, beginnt das Gesetz von Ursache und Wirkung wirksam zu werden und konfrontiert uns mit den Folgen unseres Tuns. Die Wirkung dieses Gesetzes nennen wir dann Schicksal.

Wir können aber auch mit den Geistigen Gesetzen kooperieren, dann dienen sie uns willig, so wie alles was uns widerfährt, uns immer nur dienen und helfen will, mag es uns als Wirkung noch so unangenehm sein. Lernen wir jedoch, mit den Geistigen Gesetzen in Einklang zu leben, befinden wir uns auch im Einklang mit der Schöpfung, mit dem Leben selbst. Wir lernen dann im »Buch der Schöpfung« zu lesen und erkennen immer klarer die Wirklichkeit hinter dem Schein.

Deshalb möchte ich versuchen, Ihnen mit diesem Buch die Geistigen Gesetze und ihre Auswirkungen, soweit ich sie erkannt habe, begreiflich zu machen, damit Sie die Freiheit der Wahl haben. Damit Sie die Gnade erkennen, in jedem Augenblick Ihr Leben neu bestimmen zu können.

DIE PRAXIS DER PSYCHOHYGIENE

Die Erkenntnis, daß Psychohygiene zur Erhaltung der seelischen Gesundheit des Menschen ebenso erforderlich ist, wie körperliche Hygiene zur Erhaltung der körperlichen Gesundheit, ist nicht neu. Schon zu Anfang dieses Jahrhunderts erschienen einzelne Veröffentlichungen zu diesem Thema, doch blieb das Interesse der Menschen sehr gering, wahrscheinlich, weil es an brauchbaren Hinweisen fehlte, was der Einzelne zur Erhaltung und Stabilisierung seiner seelischen Gesundheit tun könne.

Auch die körperliche Hygiene fand ja erst dann eine weite Verbreitung, als konkrete Regeln ins Bewußtsein der Menschen gebracht wurden, wie regelmäßiges Händewaschen, Baden und Zähneputzen. Aber auch das sich Fernhalten von Menschen mit einer ansteckenden Krankheit, um sich nicht zu infizieren. Das war logisch und einleuchtend, und so konnten die körperlichen Infektionskrankheiten, wie Pest, Typhus, Cholera usw. weitgehend überwunden werden.

Aber auch auf geistig-seelischem Gebiet gibt es Infektionskrankheiten und Seuchen, die sich immer mehr ausbreiten, wenn wir nicht durch regelmäßige Psychohygiene, die zur festen Gewohnheit geworden ist, die Voraussetzung für eine wirkliche geistig-seelische Gesundheit schaffen.

Solche geistig-seelischen Infektionen sind: Ärger, Angst, Streß, Sorge, Hast, Schuldgefühle, Aggressionen. Jeder von uns wird immer wieder einmal mit dem einen oder anderen, oder gar allem konfrontiert, bis er regelmäßig Psychohygiene betreibt. Dazu gehört vor allem das abendliche mentale Umerleben, in dem alle infizierenden Energien aufgelöst und ins Gegenteil umerlebt werden, bevor sie Schaden anrichten können. Dazu gehört auch, jeden Menschen so anzunehmen, wie er nun einmal ist, und jedem Wohlwollen, vielleicht sogar Liebe entgegenzubringen.

Nur wenn Psychohygiene zur festen, regelmäßigen Gewohnheit geworden ist, haben diese geistig-seelischen Infektionen keine Chance mehr. Das Ergebnis ist seelische Harmonie und eine unerschütterliche Gelassenheit, mit der wir froh durchs Leben gehen.

In dem Maße aber, wie unsere Intelligenz wächst, wird Denken überflüssig. Der Vollendete denkt nicht mehr nach, er weiß und reagiert spontan. Denken ist ein Ersatz für ungenügende Intelligenz, und je größer die Intelligenz, desto weniger brauchen wir das Denken. Dann nehmen wir wahr, was ist, wir erkennen die Wirklichkeit hinter dem Schein, ohne darüber nachdenken zu müssen.

Solange unsere Intelligenz nicht vollkommen ist, müssen wir nachdenken. Wir müssen vorausplanen, und wenn dann die Situation gekommen ist, handeln wir entsprechend unserem Denken. Wir handeln so ständig aus der Vergangenheit, obwohl vielleicht schon längst eine neue Situation eingetreten ist. Solange wir denken, wird unser Handeln aus der Vergangenheit bestimmt, aber alles wandelt sich ständig, alles fließt.

Wir überlegen sogar, wie wir unserer Frau, unserem Partner eine Freude machen können. Wenn wir wirklich lieben, brauchen wir nicht mehr zu überlegen, wir handeln aus der Liebe und können sicher sein, in jedem Augenblick das Richtige zu tun. Denken wird so zum Ersatz für fehlende Liebe.

Denken ist eine wunderbare Sache, und wir sollten lernen, sie wirklich zu beherrschen. Aber wir sollten wissen, daß sie immer ein Ersatz ist für das eigentlich Wesentliche, das es zu erreichen gilt

Weisheit und Liebe.

Liebe das Leben,
und das Leben wird Dich Lieben!

Im Buchhandel und Internet finden Sie stets brand-
aktuelle Themen, sowie zeitlose Wissensschätze von
Kurt Tepperwein!

Folgende Bücher und E-Books können Sie direkt über den BoD-Verlag
(www.bod.de/www.bod.ch) detailliert einsehen, bevor Sie sich für Ihr
Wunschthema entscheiden:

- **Ab heute bin ich frei!**
- **Bäume ausreißen! – Trainingsheft für mehr Motivation**
- **Berufskrise ade! – Frei sein von Arbeitssucht, Stress, Burn-
  out, Mobbing, Innerer Kündigung und Arbeitslosigkeit
  Bewusstseinssprung in eine neue Dimension**
- **Blinddate mit Magen und Darm**
- **Bring Farbe in dein Leben mit Dankbarkeit**
- **Bring Farbe in dein Leben mit einem einfachen Lächeln**
- **Bring Farbe in dein Leben mit Heiterkeit**
- **Bring Farbe in dein Leben mit Herzensfülle**
- **Bring Farbe in dein Leben mit Hingabe pur**
- **Bring Farbe in dein Leben mit Liebesweisheit**
- **Bring Farbe in dein Leben mit Seelenkraft**
- **Bring Farbe in dein Leben mit Stille in dir**
- **Bring Farbe in dein Leben mit Wertschätzung**
- **Bring Farbe in dein Leben mit Zeitlosigkeit**
- **Das Buch der Erfolgsgesetze**
- **Die hohe Schule des Lebens**
- **Die Kunst mühelosen Lernens**
- **Die Praxis der geistigen Gesetze**
- **Die Renaissance der Frauenpower – 7 Schritte zur Liebesfähigkeit**
- **Du bist wie du bist!**
- **Ein Leben ohne Ängste und Sorgen? – Trainingsheft für mehr
  Lebensqualität**
- **Einfach nur schön**
- **Endlich wieder FIT! – Trainingsheft zur Gesunderhaltung**
- **Erwachen zum wahren Sein**
- **Folge deinem Leitstern**
- **Frau sein – ganz sein, Mentaltraining für eine neue Weiblichkeit**
- **Geistheilung durch sich selbst**
- **Gelassenheit**
- **Gelebte Achtsamkeit**

- Gestalte dein Leben einfach neu! – Energetischer Impulsgeber zum Thema Alltagsführung
- Gesund für immer
- Glaube an Dich!
- Glücks-Gesetze
- GoldenWay Edition: Das Leben als Einweihungsweg
- GoldenWay Edition: Ihr Zauberstab Gedankenkraft
- Hilf dir selbst. Sei du selbst. Gesunde!
- Kausal-Training
- Leben im Überfluss, Die Zukunft selbst bestimmen
- Leben in der Gegenwart der Engel
- Liebst du mich auch? Energetischer Impulsgeber zum Thema Partnerschaft
- Nie mehr ärgern, bewusster leben
- Nie oder Jetzt! Aufbruch zur wahren Identität
- Out-Burn, Burn-out umkehren. Der Ausweg aus der Erschöpfungsfalle.
- Perlen der Weisheit
- Probleme adieu! Trainingsheft zur Konfliktbesänftigung
- Schreib Dein Leben um
- Selbstbewusst durchs Leben! – Energetischer Impulsgeber zum Selbstwert und Sicherheit
- Sinnfindung leicht gemacht! – Energetischer Impulsgeber zum Thema Bewusstwerdung
- Tepperwein Magazin der neuen Generation
- Tepperwein Magazin der neuen Generation 2
- Tepperwein Magazin: Wünsche & Träume mit Mental-Training verwirklichen
- Verwirklichung
- Von der Angst zur Lebensfreude
- Wahre Freundschaft: Tierisch echt!
- Was wünscht du dir vom Leben?
- WEIH-NACHTEN
- Willkommen in der Leichtigkeit
- Willst du erfolgreich sein? – Leitfaden zu Reichtum und Erfolg
- Wunder vollbringen durch schöpferische Imagination
- Zeit halt, stehengeblieben! – Trainingsheft für ein gutes Zeitmanagement